# Z世代は「成長できない職場」に見切りをつける

新世代キャリアコーチング

著 麻野 進
Asano Susumu

ぱる出版

# はじめに

「イマドキの若い奴らは……」と嘆いたことはありませんか？

歴史的に見ても、若者と年長者の価値観の違いは常に存在してきました。

Z世代は幼少期からスマートフォンやインターネットに触れて育ち、情報収集能力が高く、自分で必要な知識を得ることに慣れています。

ワークライフバランスを重視し、プライベートの充実を仕事と同じくらいにとらえ、柔軟な働き方を求める傾向が顕著です。

そして彼らは「終身雇用」よりも「スキルを活かせる環境」を重視し、転職にも前向きでキャリアパスを柔軟に考えています。

筆者が担当している管理職研修では、受講者から「新入社員に仕事を任せた際、〝なぜこの作業が必要なのですか？〟と質問されて戸惑った」という話をよく耳にします。

上司としては、指示された通りに仕事を進めるのが当然と考えていましたが、新入社員は依頼された仕事の背景を理解し納得した上でとり組みたかったのです。

そこで管理職は、少し考え、作業の目的やその業務がどのように全体のプロジェクトに貢献するのかを丁寧に説明しました。最初は半信半疑だった新入社員も、具体的な影響を理解するにつれ、積極的に質問をし、業務の効率化を提案するようになりました。

その結果、提出された資料はより簡潔でわかりやすいものとなり、顧客からも高評価を受けました。この経験を通じて、この管理職はZ世代の部下には、指示の背景や目的を明確に伝えることで、彼らの主体性と創造力を引き出せることを実感したといいます。

## キャリアコーチングはイマドキの人材マネジメントの必須スキル

先の話は一例ですが、彼らは、仕事が一人前にできるかどうかに関わらず、自分の成長とキャリアの方向性を明確にしたいと考えているので、上司がキャリアコーチングをとり入れることが、彼らとの関係を築く鍵となります。

キャリアコーチングは、単なる業務指導とは異なり、個々の社員が主体的にキャリアを設計し、自らの強みを活かせるよう支援するプロセスです。この手法を活用することで、彼らは「自分の仕事が会社や社会にどのように貢献しているのか」を意識しながら働くことができるようになります。

キャリアコーチングがもたらすメリットには次のようなものがあります。

### □ 部下の主体性とモチベーション向上

Z世代は、自分の意見やアイデアが尊重される環境を求めます。キャリアコーチングを通じて、彼らのキャリアプランを一緒に考えることで、仕事への意欲を高めることができます。

□ 長期的な人材育成

短期的な成果だけでなく、長期的な視点で成長を促すこととなり、中長期にわたって組織全体の競争力を強化できます。

□ 離職率の低下

適切なコーチングを行うことで、社員が会社との結びつきを強く感じ、長く働き続ける要因となり得ます。

□ スキルアップとキャリア成長の支援

若者は「学び続けること」を重視しています。キャリアコーチングを通じて、彼らが必要とするスキルを見極め、研修や学習の機会を提供することが重要です。またそうすることで会社から指示された研修を能動的に受講するように仕向けることができます。

A社では、若手社員にメンターをつける制度を導入し、キャリア形成の支援を行った結果、離職率が20%低下したという報告をうかがいました。

またB社では、社員のキャリア相談を定期的に行うコーチングプログラムを設け、キャリア開発の選択肢を広げるとり組みを進めています。

このようにZ世代の価値観に寄り添いながら、個々の成長をサポートするキャリアコーチングを導入することは、これからのマネジメントにとって不可欠なものとなっています。

## 上司に求められるコミュニケーションマネジメントは自身の行動特性を理解することから

また、Z世代に関わらず部下育成を成功させるためには、上司自身が自らの行動特性を理解することも重要です。

リーダーシップのスタイルが、組織の文化や目標と合致しているかどうかを定期的に見直すことで、より効果的なマネジメントが可能になります。
例えば、結果重視の文化であれば、目標達成を明確にし、成果にフォーカスした指導を行うべきですが、一方で、コラボレーションや創造性を重視する文化では、民主的なアプローチやコーチング型のリーダーシップが求められます。

併せて上司自身のリーダーシップの特性を知ることで、部下との相性を理解し、より適切な指導方法を選択できます。自分の強みを活かしながら、部下の特性に応じた柔軟な対応をとることで、信頼関係を築き、部下の成長を促すことができます。

時代の変化に対応し、Z世代を理解し適切にマネジメントするためには、単に従来のやり方をおしつけるのではなく、新しいアプローチが必要なのです。

働き方が変わる中で、上司の役割も進化しています。

本書では、Ｚ世代との関係構築のポイントやキャリアコーチングの活用法を紹介しています。これを機会に、部下との対話を踏まえて、お互いが成長し合えるマネジメントを実践してみてください。

Z世代は「成長できない職場」に見切りをつける
新世代キャリアコーチング

目次

## 第2章 Z世代をどうとらえるのがいいのか



## 第3章 「辞める」という若者を引き留められるか

## 第4章　イマドキの上司ができるのはキャリアコーチング

目次

## 第6章 自分を知り、強みを活かすコミュニケーションマネジメント



ブックデザイン／ごぼうデザイン事務所

# 第1章

# こうしてZ世代は世に出てきた

# 01 Z世代はどのようにして生まれてきたか

「イマドキの若い奴らは……」、いつの時代においてもベテラン社員から若い世代に向けられるフレーズですが、歴史的に年長者が若者の態度や行動に対して批判的な見方をすることは様々な文化や時代で見られたことです。

エジプトの古代の文献「プタハ・ホテプの教え（紀元前2400年頃）」では、若者の行動や態度に対する批判的な意見が記されており、プタハ・ホテプは若者が長老の知恵に従わず、尊敬を欠いていると述べています。

古代ギリシャでは、プラトンが記録したソクラテスの言葉として、「若者は贅沢を愛し、規律を軽んじ、他人を軽蔑し、年上の者を尊敬しない」といった内容が伝えられています。

古代ギリシャの詩人ヘシオドスは、彼の著作『仕事と日』の中で、若者が以前の世代よりも堕落していると述べ、人々がどんどん悪化していくと考えており、その兆しとして若者の態度を挙げています。

これらの例からわかるように、「イマドキの若い奴らは……」というフレーズや感覚は、古代から存在していたものであり、これは特定の時代や文化に限った現象ではありません。この感覚が広く見られる背景には、社会や文化が変化する中で、若者が新しい価値観や行動様式をとり入れ、それが年長者にとって異質に映ることがあるからです。

ちなみに筆者が新卒で企業に勤めた時は「新人類」といわれましたが、もう定年を迎える年齢となり、「イマドキの若い奴らは……」と嘆く側になりました。

Z世代（諸説ありますが本書ではおおよそ1990年代半ばから2010年代初頭に生まれた世代とします）は、急速な技術革新や社会変動の中で育ち、独自の価値観や行動特性を持つ世代として知られています。

## デジタルネイティブとしての成長とグローバルな視野

Z世代は、インターネットが日常生活に溶け込んでいる時代に育ち、幼少期からインターネットに触れており、情報検索やコミュニケーションツールとして活用しています。彼らは情報収集能力が高く、デジタル機器やソーシャルメディアを駆使するスキルを持っています。

そして、スマートフォンがZ世代の主要なデバイスとなり、常にインターネットに接続できる環境が整いました。ソーシャルメディアやアプリを通じて、リアルタイムで情報を共有し、コミュニケーションを図ることがあたり前、というか前提になっています。

また彼らはインターネットを通じて国境をこえたコミュニケーションが可能な時代に育ちました。ソーシャルメディアを利用して、異なる文化や背景を持つ人々とつながり、グローバルな視野を持つようになっています。彼らは上の世代に比べて多様性を重視し、異なる価値観を受け入れる柔軟性を持っているといえます。

グローバル化が進む中で、多様な文化や価値観に触れる機会が増えたZ世代は、社会的公正や平等に対する意識も高いといえ、多文化共生や社会的な責任を重視し、環境問題や人権問題にも関心を持つ傾向があります。

## 経済的不安定さを目のあたりにし、受けた教育も変化した

リーマンショックやそれに続く経済不況の影響を受けた時期に育った経験から、彼らは経済的不安定さに対して敏感であり、将来に対する不安を抱えることが多いように思われ、リスクを回避し、安定した職業や経済的なセキュリティを求める傾向も見られます。

経済不況の影響を受けたことで、一つのキャリアに依存しない多様な収入源を求める傾向が根底にあるといっていいでしょう。副業や起業に対する関心が高く、フリーランスとして

の働き方にも前向きです（筆者の友人の御子息も有名大学を出て就職せずに起業しています）。また、**テクノロジーの活用により、自分のスキルを活かした独自のビジネスモデルを構築するケースも増えています。**

また、彼らはオンライン学習が一般化する中で育ちました。インターネットを通じた学習リソースの利用が広まり、自分のペースで学ぶことができる環境が整い、**従来の教育システムに縛られず、興味のある分野を独自に深掘りすることが可能**になっています。筆者は大学院で講義していますが、コロナ禍以降はリモート講義が今も継続しており、当講座の受講者同士も顔を合わせることなく講座を終えてしまいます。

また、学歴だけではなく、実際に役立つスキルや経験を重視する傾向も見られます。**プログラミング、デザイン、マーケティングなど、デジタル時代に適応したスキルの習得に積極的**であり、それらを活かして自己表現やキャリア形成を図ろうという学生が多いようです。

## ソーシャルメディアの影響から社会的責任意識、価値観の変化

彼らはソーシャルメディアを通じて自己表現を行い、自分と共通の興味や価値観を持つ人々とコミュニティを形成しています。Instagram、X（Twitter）、TikTokなどのプラットフォ

ームを利用して、リアルタイムで情報発信し、自己ブランディングを行うことが一般化していいます。そういうことでインフルエンサーの影響を受けやすい世代でもあり、インフルエンサーが発信するトレンドや価値観が、彼らのライフスタイルや消費行動に大きな影響を与えています。また、自らがインフルエンサーとなり、情報発信を行うことで新たなキャリアを築く人も増えています。

また地球温暖化や環境問題に対して強い関心を持っています。彼らは、持続可能な社会を目指す行動を重視し、環境に配慮した製品やサービスを選ぶ傾向があります。企業の社会的責任（ＣＳＲ）や環境問題に対するとり組みが、彼らの消費行動に影響を与えますし、就職についてもＣＳＲを謳っている企業を選んでいます。

Ｚ世代より上の世代の話になりますが、実際に東日本大震災の際に活躍した日本通運では翌年の新卒採用の応募者が激増し、多くの就活生が「御社のような社会に貢献している企業でぜひ働きたい」と就活用のフレーズではなく真剣に語っていたという話をうかがったことがあります。その頃あたりから企業の姿勢に対する関心は高まってきているのだと思われます。

同様に、ジェンダー平等やＬＧＢＴＱ＋の権利、社会的正義に対する意識も高いといえ、多様性を尊重し、平等な社会を実現するためのとり組みに積極的です。彼らは**企業の倫理や価値観に対しても敏感であり、社会的に責任ある企業を支持する傾向**があります。

つまりZ世代は、デジタル技術の進化やグローバル化、経済的な不安定さ、そして多様性や社会的責任の重視といった要因の中で育ちました。彼らは、**テクノロジーに精通し、グローバルな視野を持ちながら、現代の社会課題に対して強い関心を持つ世代**です。Z世代の価値観や行動特性は、これからの社会やビジネスのあり方に大きな影響を与えると考えられ、**彼らが持つ柔軟性とデジタルスキルは、急速に変化する社会において重要な資産**といえるでしょう。

## 02 でもここが変だよZ世代

彼らが持つ独自の価値観や行動パターンは、しばしば旧世代にとって「常識に欠ける」「違和感がある」「我々と違う」と感じられることがありますが、この感覚は、**主に世代間の価値観や生活環境の違い**から生じているものです。

## デジタル依存でコミュニケーションのとり方が違う

彼らは日常的にスマートフォンやソーシャルメディアを日常的に使用しており、コミュニケーションの多くをデジタル上で行います。**テキストメッセージやソーシャルメディアでのやりとりに慣れており、これが対面でのコミュニケーションや電話での会話を避ける傾向につながる**ことがあります。

旧世代は、対面での会話や電話でのやりとりを重要視することが多いため、Z世代がこれらを避ける行動に対して違和感を覚えることがあります。慣れの問題と考えてしまいがちですが、そもそも固定電話など使ったことがない世代なので、**特に電話でのやりとりに対して緊張や不快感を抱くことが多く、相手の状況やタイミングを考慮せずに連絡をとることを避ける傾向があります。**また、電話でのやりとりは時間をとると感じるため（本当は電話の方が早かったりするのですが。特に上司にとってはその場で返答できる電話の方が便利に感じることが多いです）、**迅速で効率的で証拠が残るテキストメッセージやメールを好みます。**

背景としてインターネットやスマートフォンがあたり前の存在として育ったことで、オンラインでのコミュニケーションが彼らにとっての「常識」となったのです。逆に、対面でのコミュニケーションを重視してきた旧世代にとって、Z世代のデジタル依存は、非礼や無関心と誤解されがちです。

## 対面でのミーティングは避けたい

旧世代の上司が重要なプロジェクトの進捗や問題点を確認するために、対面でのミーティングを設定しようとしますが、Z世代の部下は、対面でのミーティングよりもオンラインチャットやメールでのやりとりを希望します。特に、短時間で済む内容であれば、わざわざ集まって話し合う必要がないと考えますが、このような態度に対して、旧世代は「直接会って話すことが重要だ」という価値観を持っている方が多いため、「Z世代はコミュニケーションを軽んじている」と感じる方も多いでしょう。

コロナ禍で大学の授業もリモートになり、デジタルツールの活用に慣れているので、対面でのコミュニケーションにそれほど必要性を感じないと考えるからです。彼らは効率を重視し、オンラインで簡単に解決できる問題をわざわざ対面で話し合うことを時間の無駄と感じます。一方、旧世代は対面でのやりとりを通じて信頼関係を築くことが重要だと考えていますし、部下の表情や雰囲気など言語以外の情報を得ようとするので、Z世代のこのような行動に違和感を抱きやすいのです。

## 重要な決定事項もメールで済ませたい

旧世代の上司が、プロジェクトの重要な決定事項をチームに伝える際には、対面でのミーティングや電話での説明を行うことを重視しますが、Z世代の若手社員は、決定事項をメールで通知することを好みます。**彼らは、詳細な説明をドキュメントとして共有し、必要に応じて質問があれば後にオンラインでやりとりすることを望みます。**このような態度に対して、旧世代は「重要な話は直接伝えるべきだ」という考えから、Z世代の対応に「常識に欠ける」と感じることがあります。

メールやチャットでのコミュニケーションを効率的に活用し、情報をドキュメント化して共有することが一般的な彼らにとって、**後から内容を確認できる点や、他の業務に影響を与えない点で、メールの方が優れていると考えます**（メールやチャットの方が記録性で勝るのは確かにそうです）。

## 対面での問題解決は避けたい

職場でのトラブルや意見の相違が発生した際、旧世代は対面で話し合い、直接的に問題を解決しようとする傾向がありますが、Z世代は、**対面での対立を避けるため**、オンラインでのやりとりを好みます。例えば、メールやチャットでの議論を優先し、対面での話し合いを避けることが多いです。これに対して、旧世代は「直接話し合って解決するのが常識だ」と考え、Z世代の対応に対して「逃げている」と感じることがあります。

このようにZ世代の**対立を避ける傾向**は、オンラインでのコミュニケーションが冷静で効果的な解決手段だと考えているからです。彼らは、**感情的な対立を避け、論理的に問題を解決する**ためには、対面よりもオンラインでのやりとりが適していると信じています。一方、旧世代は、対面での直接的な話し合いが誤解を避け、迅速に解決策を見つけるために重要だと考えているため、Z世代のアプローチには不満が残ります。

## 職場での働き方に対する価値観が違う

Z世代は、ワークライフバランスを重視し、**柔軟な働き方を求める傾向**があります。**リモ**

**ートワークやフレックスタイム制度を積極的に利用したいと思い、オフィスで長時間働くことを避ける**ことがあります。我々旧世代は、これまで長時間労働やオフィスでの勤務が「あたり前」とされてきたため、Z世代が時間や場所にとらわれない働き方を望むことに対して「我々と違う」と感じることは多いのではないでしょうか。

これはテクノロジーの進化とともに、リモートワークやデジタルツールを活用した効率的な活動に慣れているためで、また、彼らは経済的不安定な時代に育ったため、**健康やプライベートの時間を大切にする**傾向があります。旧世代は、少なくとも現役時代は仕事中心の生活を重視してきたため、「まだ半人前なのに柔軟な働き方なんて10年早い！」「まだ先輩や上司の手がかかるのに……」といいたくなるかもしれません。

## キャリアに対する考え方が違う

彼らは、安定した企業で長く働くことよりも、**自分のスキルを活かせる仕事や自分に合った職場環境を重視する傾向**があります。**転職や副業に対して前向きであり、一つの企業に長く留まることにこだわりません。**一方で、旧世代は、安定した企業での長期雇用を理想とし、キャリアの連続性を重視するため、Z世代の転職志向、特にキャリアチェンジ（異業種、異職種への転身）に対しては指導したくなります。

しかしZ世代はリーマンショック後の不安定な経済状況を子どもながらに経験したことで、**終身雇用がもはや保障されていない現実**を理解しています。彼らは、自分のキャリアを柔軟に考え、**必要に応じて転職やスキルのアップデートを行うことがあたり前**のことと考えています。旧世代の多数派は、安定したキャリアパスが成功の鍵だと考えていたため（特に大企業でその傾向が強いです）、Z世代のキャリアに対する柔軟なアプローチは理解しづらいものがあるかもしれません。筆者の大学時代につき合っていた友人や先輩後輩の8割程度は大企業に勤め、そのまま今、定年を迎えていますが、現在関与している企業では、**新卒は入社3年で既に3割は離職しています。**

## そもそも消費行動が違う

Z世代は**物質的な所有よりも、体験や価値観を重視する傾向**があります。彼らは高価な車やブランド品を買うよりも、旅行や趣味にお金を使うことを好み、シェアリングエコノミー（例：Uber、Airbnb）の利用や、サブスクリプションサービスを通じて、**必要な時に必要なものを利用するスタイルを好む傾向**があります。これに対して、旧世代は、物を所有することに価値を見出してきたため、Z世代の消費行動に「我々と違う」と感じることがあります。

この傾向はインターネットを通じて多くの情報にアクセスできる環境で育ち、物質的な所有よりも、自分にとって意味のある体験や価値を重視するようになってきたことから生まれています。それに、シェアリングエコノミーやサブスクリプションモデルが普及したことで、所有にこだわらないライフスタイルが一般的になりました。旧世代は、所有物がステータスや成功の象徴であった時代に育ったため、Z世代のこのような消費行動に違和感を覚えるのでしょう。

## 社会問題への関心とアクティビズム

**Z世代は、社会的公正や環境問題に対する意識が高く、ソーシャルメディアを通じて積極的に意見を発信する傾向があります。**彼らは、ジェンダー平等や人種差別、気候変動といった社会問題に対して敏感であり、**自分たちの価値観にもとづいて行動する**ことを重視します。

一方で、旧世代は、これらの問題に対して比較的保守的な姿勢を持つことが多く、Z世代の強いアクティビズムに対して「ちょっと違う」と感じることがあります。

Z世代はソーシャルメディアを通じて情報がリアルタイムで共有される環境で育ち、社会問題に対する意識が高まったといえます。また、彼らは、個人の行動が社会に影響を与えると信じており、そのような信念にもとづいて行動します。旧世代は、社会的問題について個人が声を上げることに抵抗を感じることが多く、Z世代の行動は理解しづらいかもしれません。

## 03
## 働き方改革が失敗に終わった企業のホワイト化

ここまでZ世代がどのように育ち、今に至ったかについて述べてきましたが、それを後おししたのは、2010年代中盤あたりからはじまった働き方改革でしょう。日本で「働き方改革」が注目されるようになったのは、少子高齢化、労働力不足、長時間労働の問題が深刻化し、企業の労働環境や働き方を見直す必要性が高まったことが背景にあります。

特に、2016年に当時の安倍晋三首相が「働き方改革」を最重要課題として掲げ、政府主導で働き方改革を推進する方針が打ち出されました。その後、2018年には「働き方改革関連法」が成立し、時間外労働の上限規制や同一労働同一賃金の導入など、企業に対して具体的な改革が求められるようになりました。

**これにより、多くの企業が長時間労働の是正、柔軟な働き方の導入（リモートワークやフレックスタイム制度の導入など）、育児や介護との両立支援など、様々なとり組みを進めるようになりました。**

## 目指せ！　ホワイト企業

時を同じくして、というより少し早い時期に「ホワイト企業」という概念が出てきました。2013年の新語・流行語大賞トップテンに選ばれた「ブラック企業」の反対語として生まれたといわれています。この時期、日本社会で過労や長時間労働が深刻な問題となり、「ブラック企業」という言葉が広まっていました。

1990年代から2000年代初頭にかけて、日本では長時間労働やサービス残業、パワハラといった労働環境の悪化が問題視されはじめました。特に、「ブラック企業」という言葉がメディアでとり上げられ、過酷な労働環境で従業員を酷使し、労働基準法を遵守しない企業がそのやり玉に上がったのは記憶に新しいところです。

このような労働環境の悪化に対する反動として、「ホワイト企業」という言葉が登場しました。ホワイト企業は、ブラック企業と対比される形で、従業員に対して適切な労働環境や待遇を提供し、法令を遵守している企業を指します。過労死や鬱病などの社会問題が注目される中で、**「働きやすい企業」「従業員を大切にする企業」**としてのモデルケースとしてとり上げられるようになりました。

例えば、サントリーは、ワークライフバランスを重視し、育児休暇や介護休暇などの制度が充実していて働きやすい環境を作っていることや、社員のキャリア開発にも力を入れていることが評価され、ホワイト企業の象徴的な存在とされてきました。リクルートホールディングスでは、社員の自主性を重んじる企業文化が特徴で、フレックスタイム制度やリモートワークの導入が進んでおり、評価制度も公正で透明性が高く、社員のモチベーションを高める仕組みが整っているといわれています。ベネッセコーポレーションでは、教育事業を中心とし、社員の教育やキャリア開発にも力を入れている企業であり、働きやすい環境や充実した福利厚生が整っており、社員の満足度が高いことで知られています。

このホワイト企業という概念が広まるにつれて、企業は労働環境の改善にとり組むことが求められるようになり、企業の採用活動でも**「ホワイト企業」をアピールすること**が重要視され、求職者が企業を選ぶ際の基準としても重視されるようになりました。**特に新卒に限ら**

**ず若い世代の求職者は、給与やキャリアアップの機会だけでなく、ワークライフバランスや職場の雰囲気などを重視する傾向が強まり、ホワイト企業が人気を集めるようになりました。**

## 就活生が重視するホワイト度合い

うちの会社はブラックなのか、ホワイトなのかという心配・期待があるかと思いますが、就職／企業の情報総合サイトの「キャリアジャーナル」は、優良企業／ホワイト企業の特徴として次の九つを挙げています（https://synergy-career.co.jp/media/2024-white-ranking/#3-2）。あなたが所属している企業は、どれくらいあてはまるでしょうか。

**特徴①** 入社3年後の離職率が低い：就職後3年以内の離職率は、新規高卒就職者が38・4％、新規大学卒就職者が34・9％　厚生労働省「新規学卒就職者の離職状況（令和3年3月卒業者）を公表します」（https://www.mhlw.go.jp/stf/houdou/0001177553_00007.html）

**特徴②** 福利厚生が整っている：住宅手当、時短勤務制度、社内託児所、結婚・出産祝い金、傷病見舞金、弔慰金、持ち株制度など法定外の福利厚生制度など。

**特徴③** 平均年収が高い：業界によって水準は異なりますが、２０２４年4月入社者は大学卒で月給22万5457円、高校卒で18万8168円でとなっています。産労総合研究所「2024年度 決定初任給調査」(https://www.e-sanro.net/research/research_jinji/chinginseido/shoninkyu/pr2407.html)

**特徴④** 有給取得率が平均よりも高い：2022年調査における年次有給休暇の取得状況は、労働者1人平均で17・6日付与されて、労働者が取得した日数は10・3日。取得率は58・3%。 独立行政法人 労働政策研究・研修機構「年次有給休暇の取得率―令和4年就労条件総合調査の結果から―」(https://www.jil.go.jp/kokunai/blt/backnumber/2023/01_02/c_01.html)

**特徴⑤** 残業時間が平均以下である：民間調査2023年平均残業時間21・0時間／月：求人情報・転職サイトdoda「月の平均残業時間の実態調査（年代別・男女別・職種別）残業が少ない・多い仕事は？」(https://doda.jp/guide/zangyo/)、厚生労働省調査2023年一般労働者の月間所定外労働時間13・8時間：「毎月勤労統計調査 令和5年度分結果確報」(https://www.mhlw.go.jp/toukei/itiran/roudou/monthly/r05/23cr/23cr.html)

**特徴⑥** BtoB企業である：1度の取引額が大きいため、労力の割に儲かる傾向がある。参入障壁が高い。長期的な取引になりやすい。

**特徴⑦** 景気に企業の経済状況が左右されない：財務指標が比較的優良。

特徴⑧ 新規参入が難しい事業をとり扱っている：ブランド力、技術力などが高い。
特徴⑨ 口コミサイトの評判がいい：就活生のみならず求職者は必ずチェックしている。

# 04 ホワイト企業化の推進が裏目に出ることも

従業員にとってホワイト化は基本的に歓迎すべきことですが、プラスの効果をもたらす一方で、改革の進め方や実施方法によっては、組織が「ゆるい体質」となり、結果的に収益が悪化するケースもあります。例えば、働き方改革のとり組みの一環として残業を大幅に削減する方針を打ち出した企業では、残業削減自体は労働者の健康やワークライフバランスを向上させるために重要との認識でしたが、業務の効率化や優先順位の見直しが不十分なまま残業時間だけを削減した結果、業務が滞り、生産性が低下しました。納期遅延が発生し、顧客からの信頼が低下し、売上に悪影響が出るため、そういう実態を回避しようと残業代のつかない管理職が部下の残した仕事を補うことになるケースも散見され、管理職の疲弊が問題化する事態に発展した企業も少なくなかったと思われます。

またある企業では、リモートワークを全面的に導入したのはいいけれど、コミュニケーションツールの導入や、リモートワークに適した業務管理体制が整わないまま導入を進めたため、チーム間でのコミュニケーションが不足し、業務の進捗が見えにくくなりました。その結果、プロジェクトの進行が遅れたり、意思決定が遅くなったりして、収益性が低下する事態となりました。

フレックスタイム制度や時短勤務を導入した企業では、社員の出社時間や退社時間がバラバラになり、チームとしての一体感や連携が希薄になりました。業務の進行が遅くなり、クライアント対応が遅延するなどの問題が発生し、顧客満足度が低下し、契約更新率が下がるなどして収益に悪影響が及びました。

また、社員の自主性を尊重しすぎた結果、目標設定が緩くなり、業績評価基準が曖昧になった企業もあります。特に、成果よりもプロセスが重視されるようになったことで、社員の意欲や競争心が低下し、全体的なパフォーマンスが下がった結果、収益が悪化したケースがあります。

これらの例からわかるように、働き方改革を成功させ、ホワイト化を図るには、単に働きやすい環境を整えるだけでなく、生産性や業務効率を維持・向上させるための体制や文化を同時に強化することが不可欠です。改革が中途半端になると、企業が「ゆるい体質」になり、結果的に収益が悪化するリスクが高まります。

## 優しすぎるホワイト企業の末路

過度なホワイト化推進で従業員への配慮が優先されるあまり、成果や業績に対する追求が弱まり、社員がチャレンジ精神を失い、組織全体としての成長や競争力が低下する恐れがあります。

また、誰に対しても公平で優しい対応をしようとするあまり、成果を上げた社員とそうでない社員の区別が曖昧になることがあります。そうなると優秀な社員が適切に評価されず、不公平感が生じ、仕事の手抜きがはじまるというケースもあります。こういう優しさも行きすぎると、フィードバックや建設的な批判が避けられる傾向が強まり、結果として問題の早期発見や改善が遅れ、組織全体の成長にブレーキがかかるのです。

さらにホワイト化を推進した結果、過度に手厚いサポートが行われ、社員が自ら問題を解決する能力や意欲を失い、会社や上司に依存しがちになる可能性があります。結果として、社員の自律性や自己成長が阻害されることになります。

別の面からみると、優しい環境を整え安心感を提供するという考えはいいのですが、リスクをとる必要があるイノベーションや新しい挑戦が敬遠されることになりかねません。そうすると組織が保守的になり、新しいアイデアや成長機会が減少することになります。

同様に、挑戦や成長を求める積極的な社員にとっては、優しすぎる環境が物足りなく感じられることでしょう。優しさや配慮は重要な要素ではありますが、企業がバランスを保ちながら、業績志向や成長の機会も提供することが、持続的な成功の鍵となるのは間違いありません。

## 05 働き方改革で働きやすくなったのに、離職率が上がる不思議

働きやすさを追求するあまり、社員に対する挑戦や高い目標設定が減少すると、特に成長意欲の高い社員が物足りなさを感じます。実際、とある企業の成長意欲の高い若手社員が一律の残業規制で仕事を通じた経験が十分に積めないと感じ、上司へ相談したところ、「会社の方針だから仕方がない」との回答に失望し、その後まもなく競合他社に転職してしまった

例もあります。

働きやすさの強化が過度になると、社員のモチベーションが低下し、目標やプレッシャーがなくなることで、達成感ややりがいを感じにくくなるといいましたが、それが高じて離職の道を選ぶ社員が増える危険性があります。特に優秀な社員は離職を選ぶ傾向があります。特に今の若者は気が短く、いやタイムパフォーマンス（以下タイパ）意識が強いので、優秀な人材であればあるほど「この会社でこのままダラダラとすごす時間がもったいない」というマインドになりがちです。

さらに、そういうゆるい企業は、導入している人事制度のうたい文句が「成果主義」であっても、実際は年功序列的な運用になっていることが多く、社内での昇進やキャリアアップの機会で上がつかえていて順番待ちのため、抜擢人事が少ない傾向があります。結果的に、野心的な社員が他社でのキャリアを模索するようになる可能性が高まるのです。

このように挑戦や変化を避ける風潮が強くなると、組織全体が保守的になり、企業が市場の変化に対応できなくなり、結果として業績が低迷し、社員の不満が高まることで離職率が上がるという悪循環になります。

また、社員に対する過度な配慮が依存心を増大させることになり、自己解決能力や主体性が低下し、やがて逆に仕事に対する不満やストレスが増加するところまでいくと本末転倒です。

特にコロナ禍以降、リモートワークやフレックスタイムの導入で、社員同士の交流が減少し、社内での一体感が薄れるという事態が発生しました。この結果、社員が孤立感を感じやすくなり、会社に対する帰属意識が低下したという話もよく耳にします。コロナ明けの最近ではリモートワークの回数を制限しつつ、社内イベントを復活させ、社員から好評を得ている企業が増えてきましたが、参加率もコロナ禍前よりも上がったという話をよく耳にするようになりました。

最後は残念なことですが、働きやすさを追求する企業は他の企業からも注目されやすく、特に優秀な社員がヘッドハンターに狙われやすくなるという事態も考えられるため注意が必要です。企業が働きやすい環境を提供することは重要ですが、同時に社員が成長し、やりがいを感じることができる環境作りも欠かせません。バランスのとれた働き方改革が求められます。

## 06 前世代より二極化するZ世代

先日、優秀なZ世代の知人にインタビューをした際、「大企業に就職した安定志向の友人は**『ウインドウズ2000』**を目指している」という話が出てきました。**窓際なのに2000万円の年収を得ているオジサンたち**を指す言葉のようですが、まあ実態はともかく下の世代からするとそう思えるのかもしれません。ただ彼ら彼女らがオジサン・オバサンになる頃には完全に絶滅している、というか既に絶滅危惧種に認定されていると思いますが、揶揄しているのではなく、羨ましがっているということに少なからずショックを受けました。

Z世代はデジタルネイティブ世代なので、インターネットやソーシャルメディア、スマートフォンが日常生活に深く浸透していますが、**情報の取得や学習の速度が大きく異なる人々が出てきているのも事実です。**積極的にデジタルツールを活用して英語習得や資格取得などの自己研鑽を積む人と、無料漫画やソーシャルメディアなどの情報を受動的に消費するだけの人の差が広がり、二極化が進んでいると考えられます。インターネットを活用した学習環境が整っている一方で、**その利用に対する意識や家庭の経済状況により、受けられる教育や**

得られる知識に差が出ています。これが、同世代内での能力やスキル・キャリア意識の差を広げています。

また現在の就職市場、特に若年層では、従来のように学歴や経験だけでなく、柔軟な思考力や独自のスキルが評価される傾向が強まっており、自分の特性や強みをしっかりと理解し、それを活かすことができる人と、そうでない人との間でも格差が大きくなっています。それは社外への転職・転身というだけでなく、社内においてもすぐに頭角を現す人といつまでも新人感覚が抜けない「教えられ魔」状態の人に分かれることから見てとれます。

彼らはリモートワークやフリーランスといった柔軟な働き方を好む傾向があると述べましたが、その一方で、自律的にキャリアを構築できる人と、環境に流されがちな人との間で大きな差が生じています。自分で目標を設定し、それに向かって行動できる人は就活時代から仮に第一志望の企業に入社しても3年を目途に今後のキャリアについて考えようとしますので、そうでない人とのギャップは広がる一方ではないでしょうか。

情報が溢れている現代では、どの情報を信じ、どのように活用するかが非常に重要です。これは世代に関係なく、得られた情報を取捨選択し、適切に活用できる人と、大手マスコミの情報を鵜呑みにしたり、一部の偏った情報を妄信したり、情報に振り回されて迷走する人の間で、大きな差が生じます。Z世代がデジタルネイティブといってもこの格差傾向は同じでしょう。

## 自己成長志向か否か

自己成長やキャリアアップを重視している若者と、そうでない人とはどれくらいの比率なのでしょうか。

エン・ジャパンが「20代・30代のビジネスパーソン1200人に聞いた「仕事を通じた成長実感」に関する調査レポート2023年度版」（https://corp.en-japan.com/newsrelease/2024/36423.html）によると、「働く企業を選ぶ上で成長環境の有無を重視するか」をうかがうと、94%が「重視する」（重視する：56%、どちらかといえば重視する：38%）と数字的には圧倒的に成長志向が強いといえます（行動に移しているかどうかは別として）。そして主な理由は「できる仕事の幅を広げたいから」（69%）、「自身の市場価値を高めたいから」（67%）となっています。

このデータから、若者の大多数が自己成長やキャリアアップを重視していることがわかります。企業および上司は、若者のこうした志向を理解し、キャリアアップや自己成長を支援する環境を提供することが、優秀な人材の確保や定着につながるといえるでしょう。そうしなければ成長が感じられないという若者は躊躇なく会社を去ることになります。

## 07 笑えない！　ドラマ『不適切にもほどがある！』に見るハラスメント恐怖症

阿部サダヲ主演の人気ドラマ『不適切にもほどがある！』はタイムマシンで現代と昭和を行ききするドタバタ喜劇で、ドラマなのでちょっと大げさではありますが部下が自分勝手な解釈で「ハラスメント」を逆手にとって、上司の仲里依紗が苦悩する場面が印象的です。

セクハラは被害者本人が加害者側の性的な言動をどうとらえるかという主観的な問題ですが、パワハラは指導の一環なのか嫌がらせなのかの客観的な判定が求められるものなので、まったく異なる概念です。ちょっと強めの指導をしたら会社にこなくなるのも困りますが、「それってパワハラですよね」と叱られて当然のことをしておきながら上司の発言を逆手にとってパワハラ呼ばわりして、上司を閉口させる困ったちゃんを放置してはいけません。

私のクライアントからもパワハラを恐れるあまり、管理職が部下に対して厳しい指導やフィードバックを行うことを避けるようになったという相談をよく受けます。「叱ったらパワハラといわれるかもしれない」と考えてしまい、**必要な注意や改善指導が行えないと、結果的に部下の成長が阻害されます。**

そうすると部下とのコミュニケーションが形式的になり、必要以上に距離を置くようになり、「冗談や軽い雑談すら避け、必要な情報交換や信頼関係の構築が難しくなります。「冗談をいったらセクハラ・パワハラといわれるかもしれない」と恐れることで、部下との距離感が生じ、それが高じるとチームの結束が弱くなります。

そして管理職が積極的なリーダーシップを発揮できなくなり、部下に対する明確な指示や方針を示すことができなくなります。リスクを避けるあまり、決断が遅れたり、部下の自主性に任せすぎて組織全体の生産性が低下したりする恐れもあります。

上司もなんとかしようと対策を立てますが、それが部下指導の方向性ではなく、万が一のクレームや会社からの評価を恐れて、過剰に記録をとったり、指導の際に証拠を残すために書類作成に時間を割くようになったり、本来の指導やマネジメント業務に割ける時間が減少することになります。**不良社員を懲戒するためにはエビデンスをとることは必要ですが、ち**

ょっと誤解している部下をたしなめるのは管理職の責務の範囲です。

ではどうすればというところですが、まず、上司は部下とオープンなコミュニケーションを心がけ、期待される役割や目標を明確に伝えることです。叱る場合でも、その理由や期待する改善点を具体的に説明し、感情的な発言を避けることで誤解を防ぎます。

そしてセクハラやパワハラに関する適切な理解を深めるための勉強会を定期的に行い、どのような行為が問題となるかを明確にすることで、管理職が自信を持って指導にあたれるようにします。叱責ではなく、コーチングを通じて部下の自主性や成長を促す手法をとり入れるとよいでしょう。部下自身に問題解決の考え方や行動を促すことで、自然に自己改善が進むようになります。

そしてフィードバックの技術を磨くことが重要です。批判ではなく建設的なフィードバックを行うスキルを身につけることで、パワハラと受けとられるリスクを減らします。具体的で事実にもとづくフィードバックを心がけ、感情的な発言を避けるようにします。

そもそも日頃から部下との信頼関係を築くことが、誤解を防ぐ重要な要素です。上司が誠実に部下の成長をサポートし、日常的にコミュニケーションをとることで、問題が発生した際も冷静に対応できる関係が築かれるはずです。

あなたの会社には明確なハラスメントのガイドラインがあるでしょうか。**企業全体でセクハラやパワハラに関する明確なガイドラインを設け、どのような行動が許されるのかを全社員に周知徹底することが重要です。**管理職対象の研修だけで済ませないで、上司が安心して指導にあたることができる体制が必要となります。これらの対策を通じて、管理職がセクハラやパワハラのリスクを恐れすぎず、健全な職場環境で効果的に部下指導を行うことが可能となるでしょう。

## 08 「知らないことは教えてほしい」(教えてもらうのは当然の権利)

現代の若者は、Googleなどの検索エンジンやYouTubeなどのソーシャルメディアを使えば、ほとんどの疑問に対する回答を瞬時に見つけます。**この環境で育った若者にとって、情報がすぐに得られることはあたり前であり、何かを知りたい時に他者に教えてもらうのも当然のことと感じやすい**のです。

また、インターネット上では、基本的に知らないことを尋ねることが奨励されているので、**質問することが恥ずかしいことではなく、むしろ積極的に求められることとして認識されているため**、若者は「知らないこと」を教えてもらうことに抵抗がなく、いわば当然の権利と考えるようになっています。だから上司や先輩社員から発せられる「まず、自分の頭で考えてみろ！」というフレーズは納得しづらいのです。

近年の教育では、**「教える側から一方的に知識を与える」から、「学習者が主体的に学ぶ」スタイルにシフト**していますが、この教育スタイルでは、生徒が疑問を持ち、それに対して教師が丁寧に教えることが求められています。若者は「わからないことを教えてもらう」ことが自然な権利であり、教育の一環と感じています。

学校教育においても、グループワークやディスカッションが重視され、他者と協力して学びを深めることが推奨されているため、若者は「わからないことは他者に教えてもらい、それを通じて学ぶ」という考え方が強くなり、それが当然のプロセスだととらえるようになります。

職場環境という面においても多くの企業で導入されている、新入社員に対してのＯＪＴ（オン・ザ・ジョブ・トレーニング）やメンター制度の影響で「知らないことは教えてもらう」ことが当然であり、先輩や上司に質問することが期待されていると感じています。教えることが職場文化の一部となっていることも一因でしょう。

また多様な働き方が増え、業務内容も複雑化する中で、すべてを自分一人で完璧にこなすことが難しくなっていることで、チームで協力し、わからないことは教え合うというスタイルが一般的になっていることも影響しています。

働き方だけでなく情報量が増大し専門性が高まり、特定の分野に特化した知識が求められる機会が増えたことで、若者は他者の知識や経験に頼る必要性を強く感じています。

社会のスピードが速くなる中で、迅速に問題を解決するためには、わからないことをすぐに理解することが重要ですが、タイパ意識の強いZ世代は、時間を無駄にせず効率的に業務を進めるために、他者から教えてもらうことが効果的だと考えているのです。

ある意味、彼らのマインドセットは、現代社会での効率的な学習や仕事の進め方に適応した結果といえるでしょう。

# 09 突然退職する若者たちが急増中

あなたは、周りで若い社員が突然無断で会社にこなくなり、同時に怪しい業者から「○○さんは退職しました」と連絡がきたという経験はありますか。いわゆる退職代行サービスといわれるものですが、このサービスがはじまった当時5万円程度だった相場が、現在では利用者の増加とそれを上回る業者の急増で2万円程度に値下がりしています。

イマドキの若者は対面での直接的なコミュニケーションを避ける傾向があるといいましたが、彼らの中には、上司や同僚と直接コミュニケーションをとることに対して強いストレスを感じる人が多いのです。特に、退職の意思を伝える際に、**相手からの説得や批判を恐れる**ことが、退職代行サービスを利用する動機となっているのです。周囲の先輩たちに話を聞くと、「普通に機嫌よく仕事をしていたので、そんな兆候などなかった」と教育担当者がショックを受けているケースも少なくありません。

職場環境によっては、退職を申し出ることで「裏切り者」と見なされたり（昔はそういう組織が多くありました）、ネガティブな反応を受けることを恐れるケースもあり、**いわゆる心**

**理的安全性が低いと感じる職場では、若者は直接退職を伝えることが難しく、**代行サービスに頼る傾向が強まります。デジタルネイティブ世代である若者は、メールやソーシャルメディアを通じた非対面コミュニケーションに慣れており、対面での難しい会話に対して苦手意識を持つことが少なくないといいましたが、特に**ネガティブな話題を対面で伝えることに必要以上に強い抵抗を感じる**ため、退職を伝えることに対しても不安が増大します。

そもそも若者の中には、**自己主張や交渉に自信がない**人が多くいます。特に、退職を伝える際に、上司からの説得や引き留めに対応することに自信を持てない場合、退職代行サービスを利用することで、直接のやりとりを避け、心理的な負担を軽減しようとします。

こういった理由から、このサービスは、ここ数年で急速に普及し、手軽に利用できるようになり、インターネットやソーシャルメディアを通じて情報が広まり、サービスの存在を知った若者が「これなら簡単に退職できる」と感じているようです。手続きの簡便さや、料金の手頃さも利用を後おししています。

いずれにしても、彼らは以前の世代に比べて企業に対する忠誠心が低く、仕事を辞めることへの抵抗感が少ないという前提があります。キャリアを一つの企業に捧げるという考え方よりも、自分に合った仕事を見つけることや、自分の生活を大切にすることを重視しているため、退職を決断する際に、**感情的な葛藤はできるだけ少なくしたい**のです。

また今の若者は、仕事とプライベートを明確に分ける傾向が強くなっているので**職場との関係をプライベートに持ち込みたくないと考える**ため、退職時も感情的なやりとりを避けたいと考えます。彼らにとって、職場は単なる仕事の場であり、個人的な関係やそこで出る感情をあまり重視しないことが影響しています。

加えて、転職市場が活発化している現代において、退職や転職がキャリアの一部として一般化しています。**転職が容易な時代背景もあり、退職の決断が以前よりも軽くなる傾向**があります。若者は、一つの職場に長く留まるよりも、自分に合った環境を見つけることを優先するため、退職代行サービスを利用する大きな動機になっています。

それ以外にも、精神的健康を非常に重視しています。**ストレスやプレッシャーが高い職場から早く抜け出したい**という思いが強く、退職手続きを迅速かつストレスなく進めることができるならそれにこしたことはないと考えます。

これらの要因が複合的に作用し、若者が直接退職を伝えることに対する抵抗を感じ、代行サービスを利用することが一般化しているのです。この現象は、現代の若者の働き方や価値観の変化を象徴するものといえます。

第2章

# Z世代をどう
# とらえるのがいいのか

# 01 失敗を極度に恐れる若者たち

今の若者は、リーマンショックやその後の経済不況、そして新型コロナウイルス感染症によるパンデミックなど、不安定な経済環境の中で育ってきたことで、将来に対する不安を抱きやすくなり、失敗がキャリアや経済的安定に与える影響を強く意識するようになっています。安定した収入や職業が確保されていない状況での失敗は、深刻なリスクとしてとらえられているのです。

またグローバル化が進む中で、職場や教育の場における競争が激化しています。競争に勝ち抜かなければならないというプレッシャーが強く、失敗がその競争から脱落する原因となり得ると感じるため、失敗に対する恐れが増大しているといえるでしょう。

現代の教育や育成環境では、テストの点数やパフォーマンスが重視され、失敗がネガティブにとらえられる傾向があります。成功や優秀さが評価の基準となる社会では、失敗が「恥」として認識されることが多く、若者は失敗を避けようとする心理が働きます。

それに加えて、過保護な育成環境で育てられたことが大きいといえるでしょう。親や教師が失敗を未然に防ぐように働きかけ、失敗する機会が少なくなることで、前の世代に比べると失敗を経験する機会が減少しています。このため、失敗した時の対処法や失敗から学ぶ力が育ちにくく、恐怖心が強まります。

現代の社会だけでなく教育の分野においても、即時的な成功が強調されることが多いため、旧世代が考える「失敗は成功へのプロセス」ではなく、即座に避けるべきものとして、若者はとらえがちです。すぐに結果を求められる環境の中で、失敗が許されないと感じることが多くなっているのだと思われます。

こういう傾向を後おしするものとして、ソーシャルメディアで成功や達成が強調されがちなことも大きいといえるでしょう。他人の成功と自分を比較することで、失敗への恐れが増幅され、他人の成功を見続ける中で、自分が失敗することが周囲からどう見られるかを過剰に意識し、結果として失敗を避ける傾向に拍車がかかります。ソーシャルメディアでは、個々の失敗が広く公開され、拡散されるリスクがあります。若者は、失敗が公に晒されることを恐れ、ネガティブなフィードバックを受けることに強い恐怖心を抱くことがあります。そういう環境下では、失敗が個人的な問題ではなく、社会的な評価に直結する恐れがあるため、失敗に対する抵抗感が強まります。

また現代の若者は、**自己期待が高く、完璧主義的な傾向が強いことが多く、これは社会や家庭、教育機関からの高い期待によるもの**でもあります。自分自身が設定した高い基準を達成できないことが、自分の価値を否定されることと結びつき、失敗への恐れを強める要因となります。

彼らの中では、**自分の価値を他者の評価に依存する傾向が強くなっています。**ソーシャルメディアや教育の影響もあり、成功によって他者からの承認を得ようとする意識が高いのです。このような状況では、失敗が自己価値の低下に直結すると感じるため、失敗を極度に恐れることになります。

また、彼らが失敗を恐れる理由の一つとして、実際に失敗を経験する機会が少ないことが挙げられます。過保護な環境や失敗を避ける文化の中で育った結果、失敗がどのようなものであり、どのように対処すべきかを学ぶ機会が少ないため、失敗に対する不安や恐怖が強まります。それに加えて、現代の社会では、**安全志向が強まり、リスクをとることが避けられる傾向**があります。若者が挑戦する機会が減り、失敗することの重要性やその後の成長を実感する場面が少なくなっていることで、失敗を避ける姿勢が強まり、失敗への恐れが増幅されます。

このように今の若者が旧世代と比べて失敗を極度に恐れる傾向が強まっている背景には、社会的・経済的な不安定さ、教育や育成方法の変化、ソーシャルメディアの影響、高い自己期待と完璧主義、そして失敗経験や挑戦の機会の減少が複合的に作用しています。

## 02 他人からどう見られるかが気になる

これもソーシャルメディアの普及が関係していますが、若い人たちは日常的に他者と自分を比較する機会が増えました。InstagramやX（Twitter）、Facebookなどのプラットフォームでは、他人の成功や楽しそうな生活が頻繁に共有され、自分がどう見られているかを常に意識し、他人との比較によって自己評価が形成されやすくなっています。

ソーシャルメディア上では、個人の発信が広く公開され、多くの人々に見られる可能性があるため、「自分がどう見られるか」を強く意識し、ソーシャルメディア上での自分のイメージを戦略的に管理しようとします。これが、自己ブランディングの一環として、他者からの視線を気にする姿勢を強めています。筆者は人事系のコンサルタントですが、本書も含めてこれまで8冊のビジネス書を出版しているのは、職業がら自己ブランディングが必要だからですが、それが今では若者の間で一般化しているのです。

また、ソーシャルメディアでは、投稿に対して「いいね」やコメントといったリアルタイムのフィードバックが得られるため、**他人の反応を即座に知ることができます。他人からの評価が直接的かつ即時的に感じられるため、他者からの評価をより意識するようになります。**ちなみに旧世代の筆者はアマゾンのカスタマーレビューは気にはなりますが、あまり見ないようにしています。というか気にしないようにしています。

それに現代社会では、個人の成功や自己実現が強調される傾向があり、**他者からの評価が自分の成功や価値を測る重要な指標となることが増えています。**そもそも自己実現は他者からの承認欲求をこえた概念のはずですが、自分が周囲からどう評価されているかが、キャリアや社会的地位に直結するとの認識が強く、他人からの視線を気にする動機が強まります。そして他者から認められたいという承認欲求が強まり、他人からの評価が自己価値の一部としてとらえられるようになっています。特に、ソーシャルメディアでの「いいね」やフォロワー数が自己評価に直結する現代の若者にとって、他人からどう見られるかが非常に重要な要素となっています。

加えてグローバル化や経済の不安定さの中で、個人が競争社会を生き抜くためには、他者からの評価がキャリアや生活に大きな影響を与えることがあります。自分のブランドやイメージが市場価値や職業の選択肢に直結することから、他人からどう見られるかがより重要視されるようになっています。

若者は、経済的な不安定さの中で、自分の立ち位置や将来に対する不安を抱えていると前述しましたが、他人からの評価が自分の安定に影響すると感じる傾向があり、他人の目を気にしながら行動することが増えるのです。

それに多くの若者は、子どもの頃から「褒めて育てる」という教育方針の下で育ってきたため、他人からの評価や承認を得ることに強く依存する傾向があり、逆に否定的な評価や批判に対して敏感になる傾向があります。他人からどう見られるかを常に意識し、その評価にもとづいて行動を決めることが一般的になっているのです。

それだけでなく、自分に自信を持てない傾向があるといわれていますが、この背景には、過度な競争やプレッシャー、ソーシャルメディアによる他者との比較などが影響していると考えられます。自己肯定感が低いと、他者からの評価が自己評価に大きく影響を与えるため、他人からどう見られるかが重要な要素となります。

また、テクノロジーの進化により、私生活や行動がデジタル上で監視される環境となり、ソーシャルメディアなどインターネット上で情報が容易に拡散されるため、**常に「見られている」感覚**が強まり、他人からどう見られるかを過剰に意識するようになります。

さらにテクノロジーを介して、若者は他者の評価や反応を即座に受けとることができ、それが行動のフィードバックループを強化します。**このループが、他人からの視線を意識し続ける理由**となり、行動や選択に対する慎重さが増すことになります。

## 03
## 「ほめすぎるとつけあがるのでは」は昭和の発想

昭和の時代は、厳しさと忍耐力を重視する教育や育成方法が一般的でした。**褒めることよりも、課題や不足している点を指摘し、改善を求めることが主流で、厳しい状況に耐え、自己鍛錬を通じて成長することが重要視されていた**からです。

テレビのアニメ・特撮番組・ドラマだと男の子向けでは梶原一騎の「巨人の星」「侍ジャイアンツ」、女の子向けでも「アタックＮｏ．１」「サインはＶ」などいわゆるスポコンものを子どもたちが食い入るように見ていたのを思い出しました。過度に褒めることで若者が「つけあがる」、つまり自信過剰になり、謙虚さや努力を怠るようになることを懸念する傾向があったと思われます。謙虚さと努力を持ち続けることが、成功の鍵であると考えられていたため、褒めすぎることは避けるべきと考えられていました。

上記のアニメでも主人公が血のにじむ特訓を経て、新しい技や魔球を開発し、無双状態になると今度は世間からもてはやされて慢心し、さらにそれ以上に特訓したライバルに叩きのめされるというお決まりのストーリーが展開されました。

一方、現代の若者は、**褒められることでモチベーションが高まりやすい**という研究結果もあるようで、**ポジティブなフィードバックを受けることで自信を持ち、さらに努力を続ける意欲が湧くことが多い**です。これは、**自己肯定感を高めるアプローチ**として有効です。

ただし、褒めることは無条件にポジティブな反応をするということではありません。「イマドキの部下はとにかく褒めればいいんだな」と考えて、例えば廊下で部下とすれ違う際に「アサノ君、最近頑張ってるよね！」と誉め言葉だけをかけても「いきなりなんだよ。なんかの研修で部下を褒めろとでもいわれたんだよね、きっと」と思われるのがオチです。褒めるという行為には**具体的で建設的なフィードバック**が重要です。例えば、「この部分が非常によくできている」という**具体的な指摘**を行うことで、若者は何が評価されているのかを理解し、自分の強みを認識できます。

褒めることが重要である一方で、過度に褒めすぎると、確かに自信過剰や成長の停滞につながる可能性があるのでバランスが大切です。**成功を評価しつつも、改善点や次の課題についても明確に伝えることで、はじめて成長を促すことができる**でしょう。

とはいえ現代の若者はポジティブなフィードバックによって成長することが多いので、この違いを理解し、適切に対応することが求められます。

若くても昭和的な発想を持つ人も、現代の若者に対して効果的な指導を行うために、褒めることの価値を再評価することが重要です。これは、自身の指導スタイルを柔軟に見直し、若者がどのようにモチベーションを持ち、成長するかを理解することにつながります。

「褒めすぎるとつけあがるのではないか」と感じるのは、昭和的な発想といえるかもしれませんが、**それは必ずしも間違いではなく、厳しさと謙虚さを重んじる教育観に根ざしたもの**です。一方で、現代の若者に対しては、**バランスをとりながら褒めることで自己肯定感を高め、モチベーションを維持させることが効果的です。**褒めることを通じて若者を育てるには、具体的かつ建設的なフィードバックを行い、成長を促すことが重要です。世代間の価値観の違いを理解しながら、柔軟にアプローチを調整することが、効果的な指導につながるといえるでしょう。

## 04 優秀でそつがないZ世代の部下はそのままでいいのか？

あなたは上司から丁寧に扱われたでしょうか。恐らくほとんどの方は、「上司に恵まれなかった」「炎上しているプロジェクトにいきなり放り込まれ心が折れそうになった」「上司からはダメ出ししかされなかった」「反面教師ばかりだった」「放任・放置されていた（自由にさせてもらった）」という経験から自ら気づき、行動し、現在のポジションを勝ちとってきたのではないでしょうか。

「部下育成」の分野では様々な理論や心理学、それに紐づいた研修がありますが、そもそも優秀な人材は自ら成長するので、上司の支援などあまり必要ないのではという疑問が浮かぶのではないでしょうか。

それは確かにそうで、どん底や上司の厳しい理不尽な扱いから這い上がってきた根性のある人が出世してきたわけですが、**そもそも苦労してまで出世したいという志向を持つ現代の若者はまれです。**昭和のサラリーマンは夫が生涯収入3億円程度を稼いで、主にその収入で妻が家庭のマネジメントをする「専業主婦モデル」が主流でしたが、今や共働きでそれも両者とも正社員としてのキャリアを歩む「ダブルインカムモデル」なため、少なくとも経済的に出世する必要性がありません。そういう事情も相まって、優秀であっても「管理職になりたくない」「ならなくていい」と考える若者が多くなっているのです。

話をZ世代に戻しますが、彼らの中でも優秀な人材を効果的に扱うためには、放置・放任して「勝手に育て！　責任は俺がとる」というスタンスでは難しく、かといって褒めるだけでも、厳しくするだけでもない、バランスのとれたアプローチが求められます。**彼らは自己成長を強く求め、自己実現を大切にする傾向がありますが、同時に、尊重や支援を必要とします。**

つまり、一律の対応ではなく、**個別対応**が求められるのです。彼らは個々の目標や価値観、強みを持っており、その点を理解し、それに応じた指導やフィードバックが必要となります。**優秀なZ世代の人材には、彼らのキャリア目標を理解し、それにもとづいた個別のキャリアプランを提供することが重要となります。**例えば、一定期間ごとにキャリア面談を行い、彼らがどのようなスキルを身につけたいのか、どのようなプロジェクトに挑戦したいのかを明確にし、その希望に応じた機会を提供できるようにしたいところです。

どの世代かに関わらず優秀な人材は、自身の組織につなぎとめて囲い込みたいと思いますが、それが高じると彼らは会社を辞めるという選択肢を考えるようになります。出世を確約できるならまだしも日本の企業においては課長クラスにそこまでの権力・権限がないので、**キャリアの相談があればむしろ信頼されているととらえた方がよい**でしょう。

また彼らは柔軟な働き方を好む傾向が強く、リモートワークやフレックスタイムなど、彼らのライフスタイルに合った働き方を尊重することが求められます。優秀な人材には、**信頼を持って業務を任せ、成果にもとづいて評価する姿勢が大切**で、彼らの自主性や創造性を最大限に引き出すことができます。

優秀な人材は、挑戦することに意欲を持っていますが、**同時に適切なサポートがないと過度のストレスや燃え尽き症候群につながる可能性がありますので挑戦的な課題を与えると同時に、必要な支援を提供することが重要です。**とはいえ優秀なZ世代の人材には、その能力を引き出すために挑戦的なプロジェクトや役割を任せることは必要です。ただし、その際には、プロジェクトの目的や目標、期待される成果を明確にし、彼らが達成感を得られるようにすることが重要です。

## 05 何度いってもできないZ世代の部下はどうする？

では逆に若くしてローパフォーマーなZ世代はどうすればいいのでしょうか。優秀な人材にも安易に辞めないようにと上司は気を配る必要はありますが、そうではない人材は色々と手がかかります。ひと昔前なら「ダメな奴はダメなんだから、ついてこれない者は辞めてもらって結構！」と次の人を採用すればいいという方針もあったと思います。ただ現在、そして今後はさらに若い人材が不足しますし、マイナビキャリアリサーチLabの調査によると、24年卒の一人あたりの平均採用費は56.8万円となっています（https://career-research.mynavi.jp/wp-content/uploads/2023/11/s-kigyonaitei-24-003.pdf）。会社としてはこれ以外に採用に携わる社員の人件費まで考えるともっと多くのコストがかかっているため、安易に辞めてもらっては困りますし、採用したからには上司にはしっかりと育ててもらいたいのです。

本題に戻りますが、若いのにローパフォーマー化している社員は次のような特徴があります。

まず一つ目ですが、「モチベーションの欠如」が挙げられます。そもそも仕事に対する意欲が低く、やる気が感じられない。業務に対して消極的で、自ら進んで行動しない。これは主な原因として自分の仕事に対する意義を感じられない、キャリアパスが不明確、個人的な問題（家庭の事情やメンタルヘルスの問題）などが考えられます。

次に単純に「スキル不足」でしょう。もちろん本人の理解力の低さもありますが、必要なスキルや知識が不足しているため、業務を効率的に進められず、研修やトレーニングを受けてもその成果が現れにくい人が一定の確率で出てきます。これは十分な教育や研修を受けていない、もしくは自分の学習スタイルに合っていない指導を受けている場合も考えられます。

三つ目は、「自己管理能力の欠如」が考えられます。タイムマネジメントが苦手で、締め切りを守れないことが多かったり、優先順位をうまくつけられず、タスクの遅れを頻繁に起こしたりします。自己管理のスキルが不足している、もしくは仕事の進め方がわからないことが原因かもしれませんが、入社直後の新人研修で学んだことについては配属先の上司や先輩は本人が理解しているという前提となり、おおざっぱな指導になっているかもしれません。

四つ目としては「コミュニケーションの問題」です。チームメンバーや上司とのコミュニケーションが不足していることで、業務の進捗が滞ることが多かったり、あるいは指示やフィードバックをうまく理解できなかったりすることが問題になります。これは**コミュニケーションスタイルの違いや、指示が曖昧であること**が原因となる場合があります。

最後は「**態度の問題**」です。責任感が欠如している、自分の仕事に対する関心が薄い、または仕事に対する姿勢が消極的であるといったことが考えられますが、**職場環境や人間関係の問題、または自己評価の低さ**が影響していることがあります。

それぞれの対処法を簡単に述べると、まず「**モチベーションを高める**」ことが第一ですが、彼らが**何に対してモチベーションを感じるのか**を理解することが重要となります。1on1ミーティングを通じて、仕事に対する期待や不満を聞き出し、彼らがやりがいや意義を感じられるような業務にアサインすることを検討したいところです。また短期的な目標を設定し、小さな成功体験を積ませることで、**自己効力感を高めたり**、彼らが興味を持ってとり組めるプロジェクトに参加させたりすることで、モチベーションを引き出したりします。

次にローパフォーマンスの原因がスキル不足である場合、**適切なトレーニングやメンター（指導係）をアサイン**します。特に実践的なトレーニングを行い、彼らが自分のスキルを向上させるための具体的な機会を提供します。そして定期的にスキルの進捗を確認し、必要に応じて追加のトレーニングを実施します。また、業務内でのフィードバックを充実させ、スキル向上を促進します。

自己管理能力の欠如については、タイムマネジメントやタスク管理のスキルを向上させるために、タスクの優先順位のつけ方や時間管理の具体的な方法を教え、効率的に業務を進められるようにサポートします。タスク管理ツールの導入や、タスクを小分けにして進捗を確認しやすくすることで、自己管理能力の強化を目指します。週ごとの目標設定や、進捗確認のミーティングをとり入れることも有効でしょう。

コミュニケーションの問題については、定期的なフィードバックセッションや、チーム内での情報共有を徹底します。その際、彼らが抱えている問題や悩みを聞き出し、適切なアドバイスを行います。チームミーティングでの発言機会を増やしたり、ペアワークを通じてコミュニケーションスキルを向上させたりするなどのとり組みは有効です。

態度の問題については、まずはその原因を特定し、適切に対応することが重要です。必要に応じて、彼らが責任を感じられるように役割を明確にし、適切なフィードバックを行うことですが、時には厳格な態度で接し、仕事に対する姿勢を正すことも必要となるでしょう。

定期的な評価とフィードバックを行い、態度の改善を促し、職場のルールや期待を明確にし、それに従うことの重要性を強調します。

いずれにしても、**ローパフォーマーを孤立させず、チーム全体でサポートする環境を整えることが必要です。**チームのメンバーと連携し、彼らがチームの一員として自信を持って働けるように支援します。

## 06 すぐにテンプレートを求めるタイパ至上主義

Z世代は時間効率を重視していることは先に述べました。筆者も30年ほど前からタイムマネジメントの研修やコンサルをしていたこともあり、タイパ（タイムパフォーマンス）は今でも意識していますが、当時はアナログのシステム手帳で管理していました。上司に依頼された仕事を単純なタスクにブレイクダウンし、それぞれの項目を日々のToDoリストに転記し、かかった時間を記録するなどして、作業をテンプレート化し、コンサルティングノウハウとしていました。当時はコンサルタントやエンジニアくらいしかそんなことはしていなかったと思いますが、現代ではそのような手順はほぼ自動的に処理してくれるばかりか、わからないことがあればスマホでググればすぐに一般的な答えが一発で出てくる時代になりました。

イマドキの若い社員がすぐにテンプレートを求め、効率や時間対効果（タイパ）を重視する傾向が強い理由には、このような現代の社会環境や教育、テクノロジーの影響が深く関係しています。現代の若者は、インターネットが常に身近にある環境で育ち、必要な情報を瞬時に手に入れることがあたり前の世代ですから検索すればすぐに答えが見つかるという経験が、彼らの行動パターンに影響を与えています。**効率的に答えや解決策を見つけることが優先される傾向が強く、テンプレートを求める行動にもつながっています。**

デジタルツールや自動化の普及により、効率的に仕事をこなすことが評価される社会で育った彼らは、**いかに短時間で最大の成果を上げるか**に強く焦点をあてています。このため、**タイパを重視し、効率よく仕事を進めるためのテンプレートや定型化された手法を求める**ようになっています。

また、**学校教育や大学受験において、標準化された解答や効率的な勉強法が重視される傾向が強く**、これが彼らの思考や行動に影響を与えています。テストや試験に対して、最も効率的に高得点をとる方法を見つけることが重要視されてきたことで、その延長線として仕事でも効率的に結果を出す方法を求めるようになります。

さらにそれに拍車をかけるように、現代社会では競争が激化し、**限られた時間の中で成果を出すことが求められる場面が増えています。**ただ、そういう社会であっても若い彼らにはきちんと自分で考え、しっかりとした経験に裏打ちされた知恵を得てもらいたいと上司は考えるわけですが、若者たちは最小限の努力で最大の効果を得ることが求められていると感じ、テンプレートを活用することで失敗のリスクを減らし、結果を出すことに重点を置くようです。

## 経験を積むことの重要性をどう伝えるか

テンプレートや効率性を重視する若い社員に対して、経験を積むことの重要性をどう伝えるかは上司に突きつけられた課題ですが、ポイントは次の四つです。

まずは、**経験の価値を具体的に示す**ことです。テンプレートや定型化された方法では、すべての問題を解決できないことを**実際の事例を通じて示すこと**が重要です。例えば、予期しない問題に直面した時に、テンプレートでは対処できないケースを紹介し、その問題解決のプロセスを若者に経験させることで経験の重要性を実感させます。そして成功例の背後にあるプロセスを共有します。過去の成功例やベテラン社員の経験を共有する際に、**その背景に**

ある試行錯誤や失敗、工夫の過程を詳しく説明することで、単に結果だけでなく、プロセスがいかに重要かを理解させます。特に、テンプレートでは得られないノウハウや洞察がどのように生まれたのかを強調します。

二つ目は、段階的な成長機会を与えることです。経験を積ませるためには、いきなり大きなプロジェクトや難しい課題を与えるのではなく、小さな挑戦からはじめることが重要です。まずは簡単な仕事からはじめ、それがうまくできたら徐々に難易度を上げていくことで、段階的に経験を積ませます。このプロセスを通じて、自分自身の成長を実感させせます。次に経験を積む過程で、定期的にフィードバックを行い、彼らの学びを促進します。フィードバックは、単に結果に対する評価だけでなく、プロセスに対する指摘や改善点の提示を重視することで経験の価値を理解させると、次のステップに活かすことが可能となります。

三つ目は、長期的視点を持たせることです。経験を積むことが、彼らのキャリア成長にどう影響するかを明確に示すことが重要です。特定のスキルや経験が将来的にどのように役立つか、どのようなキャリアパスが開けるかを具体的に説明し、短期的な結果だけでなく、長期的な視点で成長を考えさせることができます。そして経験を積むことで、自己効力感（自分の能力に対する信頼感）を育てることができます。自分で問題を解決し、成功体験を積むことで、自律的に仕事にとり組む姿勢が育まれます。これを支援するために、**一定の自由度を持たせ、彼らが自分で考えて行動できる環境**を整えることが重要です。

四つ目は、**テンプレートの限界を理解させる**ことです。テンプレートは効率的に作業を進めるためのツールであり、すべての問題を解決する万能なものではないことを教える必要があります。実際の業務でテンプレートが適用できない場面に直面した時に、テンプレートの限界を認識させ、そこから自分で考えて対応するスキルを養うことが大切です。また、テンプレートに頼らず、自分で考える力を育てるために、**クリティカルシンキング（批判的思考）のスキル**を強化します。日常の業務やプロジェクトで、**なぜその方法を選んだのか、他にどんな選択肢があるかを考えさせる**ことで、テンプレートに依存せずに問題解決にとり組む姿勢を育てます。

さらに会社目線でいえば**社内での異なる部署や業務を経験させるローテーション制度**の導入が有効です。Z世代の新入社員は「〇〇の仕事がしたい。その仕事をするために入社しました」と大した知見もないのに専門性にこだわろうとします。

しかし経験ゼロからはじまる新人の適性は別の分野にあるかもしれません。様々な業務や環境での経験を積んで自分のスキルセットを広げることができ、異なる視点から物事を考える力が養われる本制度は今でも多くの企業で実施されている有効な制度だと思います。

## 07 会社に不満はないけど、キャリアの不安は結構ある

多くの若者が「現職に大きな不満はないが、将来のキャリアに対する不安を感じる」と述べるケースが増えています。例えば、会社の安定性や現状に満足しているが、業界の変化やテクノロジーの進展により、今後のキャリアがどうなるか見通せないことに対する不安が挙げられます。また、同僚や友人が転職やキャリアチェンジを考えている話を聞くと、自分も同じように考えはじめるケースもあります。知人のキャリアコンサルタントの話では、20代の会社員から「今の会社で働くことに不満はないけれど、自分のスキルが今後通用するか不安」「キャリアアップのチャンスが少ないのではと感じている」といった相談が増えていると聞きます。

Z世代に限定したものではありませんが、パーソルキャリア株式会社が実施した「2022年キャリアに関する意識調査」(https://job-q.me/articles/13727)では、「現職の仕事

が充実している」と回答した方は73・8％に上っているものの、「キャリアに関する悩みがある」と回答した方は70・5％、さらに「今後のキャリアへの不安はありますか」の問いに対して、「とてもある」が27・1％、「どちらかといえばある」が44・9％で合わせて72・0％に上り、現職に不満がないものの、将来のキャリアに不安を感じている方が多いことが示されています。

マイナビが調査した「20代正社員に聞いた　仕事・私生活の意識調査２０２４年（２０２３年実績）」(https://career-research.mynavi.jp/wp-content/uploads/2024/05/9e85e6002fceb6d7e5bbd416c4a931e6.pdf) によると、「今後出世したい役職は？」の問いに、「これ以上出世は望まない」が49・7％と最も高くなっています（性別でみると、「これ以上出世は望まない」は男性が36・3％に対し、女性で65・4％と、大きな男女差があります）。企業からすると**20代の2人に1人は出世を望まない**のだとすると、会社の将来はどうなってしまうのかと心配になりますが、これは、**キャリアパスが明確になっていないことが一つの要因**といえるでしょう。

会社は、若手社員に対して**明確なキャリアパスを示し、将来の展望を提供すること**が重要です。これには、**昇進の基準やスキルアップの機会、異動や海外勤務の可能性などを明示すること**が含まれます。そしてスキル開発の支援も積極的に行う必要があるでしょう。若者が感じる「スキルの陳腐化」に対する不安を軽減するために、**継続的なスキル開発や教育プログラムの提供**が有効です。オンライン研修や業界トレンドに合わせた学習機会を積極的に提供し、成長をサポートします。

可能であれば、キャリアの不安を軽減するために、**若手社員に対するメンター制度を導入し、経験豊富な社員からのアドバイスやサポートを受けられる環境を整えること**も効果がありそうです。これにより、キャリアの方向性やスキルアップのアプローチについて、個別に相談できる機会を提供します。

# 08
# 頑張っている部下の前では頑張りを見せる必要がある（頑張っていない部下はなお更）

本書を執筆するにあたって複数の優秀なZ世代にインタビューした際に、共通に話題に上がったのが、「自分も頑張っているが、上司も頑張っている姿を見せてほしい」というものでした。

上司が部下に対して自らの頑張りを示すことは、部下のモチベーションを高め、職場のパフォーマンス向上にもつながる重要な要素です。特に、頑張って成果を出している部下に対しては、上司がリーダーシップを発揮し、ともに努力する姿勢を見せることが大切です。それにはまず、上司が率先して模範的な行動をとることで、部下に「この人についていきたい」と思わせることが可能です。

加えて上司として、時間を効率的に使い、遅刻や無駄な時間を避ける姿勢を示します。これには、会議の時間厳守やタスクの期限を守ることが当然に含まれます。若い部下は上司の行動を見て、自らの時間管理に対する意識も高まります。

また、難しいプロジェクトや新しいチャレンジに対して積極的にとり組む姿勢を見せることも重要でしょう。部下が苦労している場面では、上司自らが手を動かし、サポートする姿勢を見せることで、部下のやる気を引き出します。

そして常に新しい知識やスキルを学び、自己成長に努める姿勢を見せることも重要でしょう。上司が学び続ける姿勢を示すことで、部下も同様に成長志向を持つようになります。例えば、業界のトレンドに関する情報を積極的に共有したり、新しいツールの導入を試みたりすることが効果的です。

次に重要なことは、部下とのオープンなコミュニケーションを通じて、自らの頑張りを間接的に示すことでしょう。部下の努力や成果を認め、フィードバックを積極的に行います。これには、褒めることや感謝の意を伝えることが含まれます。同時に、自分自身のとり組みについても部下に共有し、透明性を持たせることで、互いに頑張っているという感覚を醸成します。それには部下との1on1ミーティングを定期的に実施し、彼らの悩みや課題に耳を傾け、自分自身もとり組んでいるプロジェクトや課題について共有することで、上司も部下もともに努力しているという共通意識が生まれます。

また、自分自身の目標やチーム全体の目標を部下と共有し、ともに目指す方向性を明確にします。上司が自らの目標に対してどのようにとり組んでいるかを示すことで、部下にも同じレベルの努力が求められていると感じさせることができます。

**現場に積極的に関与すること**も重要です。現場に足を運び、部下とともに仕事をする姿勢を示すことは、リーダーシップを発揮する上で大切なことです。例えば、部下が困難な業務に直面している場合、上司がその場でサポートすることで、部下は安心感とともに、上司も一緒に頑張っていると感じることができます。チームで行う業務やプロジェクトなどには、自らも積極的に参加します。特に、部下がリーダーとして動いているプロジェクトに上司として協力することで、彼らのリーダーシップを尊重しつつ、自らのサポート力も示すことができます。

その際には、現場での状況を見ながら、**リアルタイムにフィードバック**を行います。現場での小さな成功や改善点に対して、その場で指摘し、次のステップに向けたアドバイスを行うことで、部下は自分の成長を実感しやすくなります。

さらに、**自己犠牲的な行動をとること**です。時には、自らが率先して難しい状況に立ち向かう姿を見せることで、部下に対して強いメッセージを伝えることができます。チームや部下にとって困難な業務やプロジェクトがあった場合、上司自らが率先して引き受け、この姿勢を見せることで、部下は「上司が頑張っているなら、自分も頑張らなければ」と思うようになります。

そして、**自分の業務時間をチームや部下のサポートに割く姿勢を見せます。**例えば、部下が残業をしている際に一緒に仕事をしたり、業務時間外にメンバーの悩みを聞いたりすることで、部下は上司の献身的な姿勢に感銘を受け、モチベーションが向上します。

**頑張っている部下の前で上司としての頑張りを見せることは、リーダーシップを発揮するために非常に重要です。**上司が自ら模範となる行動をとり、部下とのコミュニケーションを重視し、現場でのサポートや自己犠牲的な行動を通じて、部下に強いメッセージを伝えることが求められます。

また、自己反省の姿勢やそれによる成長を示すことで、部下は自らの成長に対しても前向きな姿勢を持つようになるでしょう。これらの振舞いを実践することで、部下のモチベーションを引き出し、チーム全体のパフォーマンスを向上させることができます。

# 第3章

# 「辞める」という若者を引き留められるか

## 01 「辞められると困るので……」と考えすぎてはいけないが……

「イマドキの若い社員がちょっとしたことで辞めてしまう」という話は、退職代行サービスを利用するほどでなくても、様々な職場で観察されています。これらの事例は、**若手社員が特に敏感に反応する点や、職場の環境に対する期待が関係している**と考えられます。

若手社員A君が、上司から仕事の進め方について軽く注意されたことがきっかけで、急に辞める決断をしました。**上司はその注意を「改善のためのアドバイス」として行ったのですが、若手社員は「自分が否定された」と感じ**、職場に居心地の悪さを感じるようになり、結果として退職を選んでしまいました。

「A君、次のレポートではもう少し整理して提出してくれると助かるよ。今のままだとちょっとわかりにくい部分があるからね」と上司は改善のためのアドバイスとして、今後の業務をよりスムーズに進めるための軽い指摘を行ったつもりです。トーンも柔らかく、深刻な指摘ではなく、業務の効率を上げるための改善提案をしたつもりでした。ところが、若手社員

A君は上司の指摘を「自分の能力を否定された」と思い、プレッシャーを感じます。彼は自分なりに一生懸命仕事をしているつもりであり、指摘されたこと自体にショックを受けています。**上司の意図がうまく伝わらず、評価されていないという不安が強くなります。**A君の心の声としては「自分はしっかりやっていると思ったのに、上司には全然評価されていないんだ。今後もこういうふうに細かく指摘されるなら、ここで働くのは無理かもしれない……」。

これは上司の「整理してほしい」という**指摘が曖昧で、具体的にどうすればよいのかが伝わっておらず**、A君にとって、漠然と「うまくやれていない」という感覚を強めてしまいました。**若手社員は具体的な改善策が見えず、どう行動すべきか迷い、不安を感じます。**上司は「軽く」注意をしたつもりで、詳しく説明する時間をとらなかった可能性があり、本人は「どうしてそのようにいわれたのか」「具体的に何を改善すればよいのか」を理解しないまま、不満を抱いてしまいます。A君は「注意された＝自分がダメ」という解釈をし、**自己否定感が強まり、職場での他の小さなストレスや不安が重なり**、次第に「この職場では自分は評価されていない」という感覚を強めます。その結果、居心地の悪さを感じ、辞める決断に至ります。

こういう若手社員は上司や同僚に相談することなく、急に退職届を提出するか、退職代行サービスを利用して辞職してしまうので、周囲にとっては急な決断に見えますが、**社員自身の中では時間をかけてストレスが蓄積していた**と考えられます。

## 02 チーム内での疎外感による退職

新しく入社したBさんが、チームの中で自分だけが話に入れなかったり、ちょっとした雑談の中で**「自分はここに合わない」と疎外感を感じたりしたこと**がきっかけで辞める決断をしました。

昼休みにチームのベテランメンバーや既存のメンバーが楽しそうに雑談をしている場面で、「昨日のプロジェクトの打ち上げ、すごく楽しかったね。あのレストラン、また行きたいな」といった話題が出ていますが新しく入社したBさんは、その打ち上げには参加していないため、話に加わることができません。Bさんとしては「皆、仲がよさそうにしているけど、私だけ何の話をしているのかわからない。これまでのプロジェクトやイベントのことを話しているのかもしれないけど、私は関わっていないから参加しづらいな」。当然、チームメンバーは特に悪意がなく、普通に会話を楽しんでいるだけかもしれませんが、Bさんにとってはその場に入れないことが繰り返されることで、「自分だけが輪に入れていない」という疎外感が強くなっていきます。

こういった会話に参加できない状態が続くと、若手社員は「このチームに自分の居場所がない」と感じはじめます。**特に雑談や非公式なコミュニケーションが重要であると認識している若者にとって、この孤独感は大きなストレスとなり得ます。**

これだけでなく会議や業務のやりとりなどフォーマルな場でも、既存のメンバー同士のやりとりが中心になり、**新しく入社した若手社員が発言する機会が少なく**、既存メンバーの間で「前回の会議でも話していたけどさ……」といういい回しが多く使われると、**若手社員がその背景やコンテキストを理解しづらい状況**になります。

Bさんからすると「皆、以前の会議や話し合いの内容をもとにして話しているみたいだけど、私はそれがわからない。発言したいけど、何をいっていいかわからないし、会話に割り込むタイミングも難しい」という心の声があります。この状況が続くと、上司もBさんに対して、会議やプロジェクトの進捗について積極的に意見を求めることがなく、若手社員は自分の存在や貢献があまり認められていないと感じ、**新しい社員をサポートするためのフォロ**

ーが薄い状態が続きます。そうすると会議でも自分が発言する機会が少なく、上司や同僚から積極的に関わろうとする姿勢が見えないことで、若手社員は「自分はこのチームに必要とされていない」という考えを抱きはじめます。

つまり、雑談とフォーマルな会議の両方で、「自分が話に入れない」「自分の意見が求められていない」と感じる日々が続くと、若手社員は次第にストレスを感じるようになります。「周囲の人たちと馴染めていない」「自分は孤立している」と思い込んでしまい、これが辞める決断につながる大きな要因となります。

最終的に、「この職場では自分は存在感がない」と感じ、自分の居場所がないと確信するまで孤独感が強まります。特に若手社員にとって、仲間意識やチームとの一体感は非常に重要なため、これを感じられないことは大きな精神的負担になります。

こういった疎外感や孤立感について上司や同僚に相談することができず、悩みを抱え込んでしまいます。特に、周囲に自分の弱みを見せたくない、迷惑をかけたくないという心理が働くこともあり、退職という選択肢に傾きます。

## 03 リアリティショック！ 理想・期待と現実のギャップ

「リアリティショック」という言葉をご存じでしょうか。新しい環境に身を置いた際に、理想と現実のギャップに戸惑いやショックを感じることを意味する言葉で、年齢に関わらず起こり得ることですが特に、新卒新入社員に起こりやすい傾向があります。ギャップが大きければ大きいほど、ショックの度合いも強くなり、喪失感や将来への不安を感じるようになり、やる気を失うこともあります。モチベーションが低下すると、注意力や集中力が散漫になり、生産性の低下を招くことにつながります。

若手社員C君が、入社前に期待していた業務内容と実際に配属された業務内容が大きく異なっていたため、入社後数ヶ月で退職を決断しました。マーケティングのクリエイティブな仕事を希望していたにもかかわらず、実際にはデータ入力や報告書作成など、ルーティンワークが多かったことに失望し、早期退職となりました（いきなりクリエイティブな仕事が回ってくることなど、実際はないはずなのですが）。C君の期待は「マーケティング部門で、広告キャンペーンやソーシャルメディア戦略などのクリエイティブなプロジェクトに積極的に関わりたい。自分のアイデアを活かし、デザインやコンテンツ制作を通じてブランドを成長させたい」というものでした。一方会社の採用面接で会社側は「マーケティング部門で働ける」と伝えているものの、実際の業務内容については具体的に説明していません。「マーケティング部門で幅広く経験が積めます」という表現で、**具体的な業務がクリエイティブな仕事なのか、ルーティンワークなのかが曖昧だったこと**が考えられます。

入社後、C君は期待していたクリエイティブな仕事ではなく、主にデータ入力、報告書作成、市場データの集計や競合分析の資料作成などに従事することになり、クリエイティブな作業に関与する機会がほとんどないことに失望を感じはじめます。上司の指示は「今日はこのデータを入力して、来週の報告書を作成しておいてください」「重要な会議があるので、次回までにすべてのデータをまとめてください」といったものでしょう。上司としては、新入社員に対して基礎的な業務を任せて、業務の流れやデータに関する理解を深めさせるつもりですし、C君にとって、マーケティングのルーティンワークをしっかりとこなすことが、将来的なクリエイティブな仕事の基礎になるという認識です。

しかし、C君の受けとり方としては「なんでこんなデータ入力ばかりなんだろう。自分はもっとクリエイティブな仕事をしたいのに、これじゃ全然楽しくないし、スキルも身につかない。期待していた仕事とはまったく違う……」「マーケティング部門で働けるっていっていたのに、実際にはただの事務作業ばかり。自分の能力を発揮できる環境じゃない。これでは自分が成長できるとは思えないし、入社前に思っていたのと全然違う」。C君の心の声を上司が聞いたら「じゃあ聞くけど、君はそういう能力をいきなり発揮できるの？」といいたいところです。

その後、C君は先輩社員に、「この部署では、いつ頃からクリエイティブな仕事に関われるようになるんですか？」と質問しますが、先輩からは「うーん、最初の1～2年はデータ入力や報告書作成が中心かな。クリエイティブな仕事に関われるようになるには、もっと業務全体の流れを理解してからだと思うよ。今はまだその段階じゃないからね」。C君の反応としては「1～2年もデータ入力や報告書作成ばかりなんて、そんなに待てない。自分はもっと早くクリエイティブな仕事がしたいのに……」といったところでしょう。

そして**自分が求めていたキャリアの進展や成長が見込めないと思い、ストレスを感じはじめます。**「このままでは、データ入力や事務作業ばかりで、本当に自分がやりたい仕事には関われない」という焦りと失望感が強まります。この段階で、C君は「この職場では自分の期待していたスキルや経験を得られない」と感じ、モチベーションが急激に低下します。「このままではキャリアにプラスにならない」と判断し、辞める決断を固めていくことになります。

ほどなくしてC君は上司に「すみません、少しお話できる時間をいただけますか？」と退職の意向を伝えるための面談を求めます。C君は「自分は、入社前にマーケティングでクリエイティブな仕事ができると思っていたのですが、実際にはデータ入力や報告書作成が主で、期待していた内容と大きく異なっていました。この状況が自分の成長につながっていないと感じており、残念ですが退職を決めました」といいます。上司は「そうか……確かに、最初は基礎的な仕事が多いけど、それがクリエイティブな仕事につながるんだよ。もう少し続ければ、君が望んでいる仕事にもとり組めるようになるんだけど……。本当に辞める決断をする前に、もう少し考えてみないか？」と返します。

しかし、本人は早々に辞める決断を固め、転職活動をはじめており、次の会社も決まっている状態での申し出でした。

# 04 ワークライフバランスや職場環境に対する不満

Z世代のDさんが、入社後に予想以上に残業が多く、プライベートの時間がとれないことに不満を感じ、数ヶ月で退職を決意しました。**特に、働き方改革が進んでいる現代において、長時間労働が強いられる環境に適応できず、「こんなはずじゃなかった」と感じて辞めるケースが増えています。**

Dさんは次のように考えていました。「この規模の会社で働き方改革が進んでいないわけはないので、残業が少なく、プライベートも充実できると思っていた。自分のキャリアとプライベートを両立させて、趣味や自己啓発にも時間を使えるはず」。企業側としては企業説明の段階で、「働き方改革を進めており、残業は極力少なくしています」「ワークライフバランスを重視した環境を提供しています」といった説明をしていますが、**具体的な残業時間や実際の働き方についてはあまり詳細に説明していないこと**があります。

入社後、Dさんは本人の想定以上の残業を強いられ、定時で帰宅することが難しい状況が続きます。業務が多く、プロジェクトの進行やデッドラインの厳しさから、長時間労働があたり前となっている環境に直面します。特に、期末やクライアント対応が重なる時期などは、毎日数時間の残業が続き、プライベートな時間がとれない状況が発生します。

上司はプロジェクトの進行が遅れているため、チーム全体で業務を乗りこえる必要があると考え、「今週のプロジェクトの進行が遅れているから、今日も残業してこの報告書を仕上げておいてくれるかな？　来週のプレゼンに間に合わせないといけないから、よろしく頼むよ」と若手社員にも協力を求めます。上司は、残業を指示すること自体にあまり問題意識を持っていないようなところがあり、緊急の仕事が重なる場合や期末の忙しい時期には、長時間労働があたり前のように行われている企業文化があったようです。

Dさんの受けとり方としては「残業するのがあたり前なんだ……。自分が思っていたワークライフバランスは全然実現できない……。これじゃ、プライベートの時間がまったくとれないし、自己啓発や趣味の時間が持てない」「上司が残業を頼むのは普通のことなのかもしれないけど、私はこんなに残業するなんて聞いていなかったし、これが毎日続くならやっていけない。会社がいっていた働き方改革やワークライフバランスの話とは全然違う……」。Dさんは、**残業によって自分の生活が仕事中心になっていると感じはじめます。**平日の夜や週末に予定していた趣味や友人との約束を何度かキャンセルする羽目になり、「自分の時間がなくなっていく」という感覚が強くなります。これが、次第にストレスとなり、会社に対する不満として蓄積されていきます。

Z世代は働き方改革の考えが進んでいる世代でもあり、**柔軟な働き方やワークライフバランスがあたり前であると思っているため、会社での長時間労働や残業が頻繁に発生する環境に大きな違和感を抱き、失望感を覚えます。**

Dさんは先輩社員に、「この会社って、残業ってこんなに多いものなんですか？」と尋ねますが、先輩は「うん、忙しい時期は結構あるよ。特にプロジェクトが重なると残業が増えるのは仕方ないね。でも、これが業界のスタンダードみたいなもんだよ」といいます。ですがDさんとしては「業界のスタンダードなのかもしれないけど、自分はこんな働き方は想像していなかった。毎日残業していると、プライベートの時間がとれないし、将来的にこんな生活を続けていくのは無理かもしれない」。

長時間労働や繰り返される残業によって、**若手社員は疲労が蓄積し、仕事への意欲も低下していき、期待していた働き方とのギャップが精神的な疲労感を強め、燃え尽き症候群の兆候が現れることもあります。**

そして「このままここで働き続けたら、自分の人生は仕事中心になってしまうのではないか」という懸念を抱きます。「自己成長やキャリアの向上を期待していたが、プライベートを犠牲にしてまで続けるべき仕事なのか？」という疑問を持ち、会社に対する期待が次第に薄れていきます。

最終的にDさんは上司にこう告げます、「このままでは自分のプライベートがまったくなく、精神的にも身体的にも限界です。入社前に期待していたワークライフバランスがとれないため、退職を決意しました」。上司は「確かに、最近は忙しかったけど、時期によってはもっと落ち着くこともあるよ。もう少し続けてみれば、ワークライフバランスをとる機会も増えると思うんだが……」と話しますが、Dさんとしてはすでにワークライフバランスが確保できない現状に対して強い不満を感じているため、上司の提案に対して「**将来的に改善される見込みがあっても、今は耐えられない**」と思えば、辞職を決断することになります。

業界のスタンダードという話自体は理解できても、そもそもワークライフバランスが当然だと思っているZ世代にとっては自己成長・経験値向上につながるとはいえ、**残業の常態化は前向きにとらえづらい**のでしょう。

# 05

## 「成功体験はしたいが、失敗体験はしたくない」

現代の若い社員が「成功体験はしたいが、失敗体験はしたくない」というマインドを持つ理由は、社会や教育、そしてテクノロジーの進展など、様々な要因が関係しています。

まず考えられることとして「過保護な育成環境」があるという話はしました。親の教育についてはそれぞれ独自なものがあるため、過保護に育ったかどうかはわかりませんが、少なくとも学校教育では、点数や成績が重視され、失敗がネガティブにとらえられることが多く、失敗することで自信を失うような経験を避ける傾向ができ上がったと考えられます。また、昔と比べると教師は保護者とのトラブルを避けるために厳しいことをいわず、過保護ともいえるような対応をするために、失敗を経験する機会が少なかったことも影響しています。

そういう成育歴を経て、自己期待が高く、完璧主義的な傾向を持つ人が多くなります。自分が成功しなければならないというプレッシャーが強く、失敗することでその自己期待が裏切られることを恐れます。自己評価が外部の評価に依存しやすく、失敗が自己価値の低下につながると感じることもあるでしょう。

加えて、**グローバル化や経済の不安定さが増す中で、失敗がキャリアに大きな影響を与えると感じやすくなっています。**特に、失敗して将来のキャリアチャンスを減少させるリスクを避けたいという心理が強く働きます。「失敗は成功のもと」とか、「失敗した経験があるから次に活かせる」という教訓は、言葉で理解しても、感情的に失敗したくない方が勝ってしまうのです。

さらに、何度もお伝えしていますが**ソーシャルメディアで他者との比較が日常的になっている現状もあります。**ソーシャルメディアでは、他人の成功や達成が強調され、若者は、自分を他人と比較する機会が増え、成功することがあたり前であり、失敗して目立つことを恐れるようになります。失敗が広く公開される可能性もあり、失敗を避けたいという気持ちがより強まります。

## 若者の失敗には価値がある

では、彼らをどう指導すればいいのでしょうか。まずは、職場やチームの中で失敗が許される文化を作ることが重要です。失敗を成長の一部としてとらえ、**失敗から学ぶことの価値を強調します。**具体的には、「失敗しても大丈夫」と明確に伝え、失敗を共有する場を設けることで、失敗に対する恐怖心を和らげます。

そして**小さなチャレンジからはじめる**ことです。いきなり大きなリスクを伴うプロジェクトを任せるのではなく、小さなチャレンジからはじめさせることで、失敗してもダメージが少なく、失敗から学ぶ経験を積ませることができます。さらに小さな成功体験を積み重ねることで、自信をつけさせ、徐々にリスクをとる意欲を育てることが王道でしょう。このようなプロセスを表面的な経験で終わらせないようにフィードバックの仕方を工夫することが重要です。

若者は自己評価に敏感であるため、**ポジティブなフィードバックを優先**します。成功を褒めるのはもちろんのこと、失敗した際もその努力やプロセスを評価し、「次はどう改善できるか」という建設的なフィードバックを提供することで、失敗をネガティブなものではなく、成長の機会としてとらえられるようします。

さらに、失敗した場合、**漠然とした批判ではなく、具体的にどこが問題で、どう改善すべきか**を明示します。若者にとって、明確な次のステップが見えることで、失敗が単なる挫折ではなく（挫折はいい経験ですが）、学びの一環として受け入れやすくなるはずです。

そこで忘れてはいけないのは、**自己効力感を高めること**です。彼らには達成可能な目標を設定し、その達成をサポートし、小さな目標をクリアしていくことで自己効力感を高め、次の大きな挑戦に向けた自信を養います。目標達成時にはしっかりと評価し、その成功体験を振り返り、成功要因を考えさせることが重要となります。

その際、成長のプロセスを可視化し、定期的に振り返りを行うことで、彼らが自己成長を実感できるようにします。例えばですが、会社の人事評価制度では半年ごとに自己評価などを行い、どれだけ成長したかを確認する機会を設けていることが多いと思いますが、半年といわず、四半期、毎月、毎週など可能な限りそのスパンを短くすることで自分が進歩していることを理解・実感させます。

多くの企業で採用されている1on1ミーティングも時間は短くとも、頻度を多くすることで部下の心理的距離が縮まり、育成につながると考えられている施策です。

また、上司や先輩が自分の失敗体験をオープンに話すことで、失敗が自然なことであると感じさせることも重要です。失敗に対する恐怖心が薄れ、「失敗してもそれを乗りこえることができる」というメッセージを伝えることができます。

さらに失敗が最終的に成功につながった事例を紹介することで、若者に失敗の価値を認識させると、若者は「失敗も成長の一部である」と理解しやすくなることでしょう。

## 06

# ローパフォーマーなZ世代は育てる必要があるか？

若い部下が成長していく姿を見るのは上司として充実感があり、やりがいのあることですが、人を育てるというのは大変なことです。特にいくら指導しても（指導しているつもりでも）なかなか成果が出せず、「自分が選んだ部下でないのに……。人事部の採用ミスではないか？」と嘆きたくなる子はどうすればいいのでしょうか。

世代に関わらず一定の割合でローパフォーマーは存在しますが、特にZ世代は「**いい子症候群**」といわれるように、**彼らの多くは素直で真面目、受け応えがしっかりしており、人の話をよく聴くし、飲み会にも参加する**というむしろ少し前の世代より優秀なのではと感じさせる特徴があるため、しっかり教えれば育つと考えがちです。いや、ほとんどはそうだと思います。

しかし、次のような兆候が見られる場合は、あなたが苦労するだけでなく、先輩部下たちの労力を奪うことになるので、組織のためにもどこかの段階で見極めることも重要です。

## 努力や改善意欲が見られるか

まず第一に、できない理由が「努力不足」や「意欲の欠如」であるかを見極めます。

例えば、以前に比べて仕事の質や量が明らかに低下していないかなどのパフォーマンスの継続的モニタリングが必要です。設定された業務目標が継続的に達成できているか、目標達成へのとり組みおよびその姿勢が適切なのかなどの確認ですが、特に納期を守れなくなったり、提出物の精度が落ちたりする場合には注意しなければなりません。新人もある程度慣れてきてそれなりの仕事を任せるようになると、具体的な実務指導を受けさせます。その際、本人へのフィードバックに対して消極的で防衛的な態度をとったり、改善しようとする姿勢が見られなかったりする場合、努力不足が考えられます。

また、時間の使い方という点で観察すると、頻繁な遅刻や欠勤、あるいは仕事中にしばしば私用のスマートフォンを使っているなど集中できていない場合、意欲が低下している可能性があります。残業については、ワークライフバランスも考慮に入れなくてはなりませんが、必要な時に残業や追加の労働を避けようとする姿勢が見られる場合、努力不足が原因と考えられます。

特に留意したいのは、**スキルや知識の向上への関心の程度**はどうかという点です。新しい技術や知識を学び続けることに興味を示さず、自発的に学ぼうとしない場合は要注意です。自主的にスキルを向上させようとしない、あるいは新しい仕事に対して積極的にとり組もうとしない場合も、意欲の問題だと考えられます。

上記のことも一時的な低迷であれば問題ではありませんが、**長期間にわたり低パフォーマンスが続く**場合は努力不足の兆候といえそうです。継続的にモチベーションが低い状態であれば、意欲の欠如が疑われます。さらに、日によって極端にモチベーションが変動する場合、長期的な意欲の問題、あるいは**メンタルの問題**が隠れていることがあります。

そこまでいかなくても以前と比較して、積極的なコミュニケーションが見られなくなったり、会話が表面的なものに留まったりする場合、意欲の低下だけでなく業務に対する興味喪失のサインかもしれません。

## 能力のミスマッチが原因か

新人を受け入れた上司からすると、本人の意向や適性を考慮してその組織に配属されてきたという前提のはずですが、実際にやらせてみないとわからないものです。

これまで企業の採用姿勢としても学卒を採用し、能力・経験ゼロから会社の色に染めていくという考え方が主流であったため、採用時に企業側が求めるスキルや期待を明確に伝えていなかったり、現場での仕事の詳細が十分に説明されていなかったりすることがままあり、配属後に現場で必要とされるスキルとのミスマッチが生じることになります。ローテーション含め様々な経験をさせて中期的に適性を見極めていくという企業側のスタンスは決して間違っているとは思えませんが、若者のついてこれない、待てない、我慢ができないという特徴は踏まえておく必要があります。

配属先の現場では、これまで以上に早くその社員の能力が現在の職務に適しているかどうかを評価する必要があります。能力のミスマッチが原因である場合や、役割・職務がその社員に適していないのであれば、他の部署や職務への配置転換を考えなければなりません。適性が見つかれば、社員が活躍する場を提供することで、彼らの能力を最大限に引き出すことができる可能性が高まります。

## コミュニケーションの問題が原因か

コミュニケーション不足や誤解が原因で、指導がうまく伝わっていない可能性も考えられ

**るため、指導内容が適切に伝わっているか、社員がそれを理解できているかを確認する必要もあります。**目標や期待が不明確であったり、共有不足だったり、フィードバックが欠如していたり、コロナ禍以降ではリモートワークが増えたことで細かいニュアンスが伝わりにくい状況も考えられます。

**指導方法を見直し、よりわかりやすく、具体的に教える工夫が必要です。**例えば、口頭での説明だけでなく、実際に見せたり、手順を文章化したりして渡すことで、理解度を高めることができます。特に、上司として気をつけたいのは**若手社員が質問や相談をしづらい職場環境**になっていないかということです。人手不足で忙しすぎる、特定の人物に気を遣わないといけないなどの原因で、そのような職場環境になってしまっていることが考えられます。業務で部下が疑問や問題を抱えていても放置してしまい、結果としてパフォーマンスが低下することがよく起こります。**いわゆる心理的安全性が確保されていないと、失敗を恐れて行動が消極的になりやすくなります。**

ローパフォーマーな若い社員を育てるかどうかを判断する際には、上記のようなことを総合的に考慮することが重要です。努力や改善意欲が見られ、周囲のサポートがあれば、育成する価値がありますが、努力や意欲が見られず、教育にかかるコストが大きい場合、長期的な成長の見込みが低いと判断できるかもしれません。このような場合、早めに見極め、異動などの適切な対応をとることで、組織全体のパフォーマンスや他の社員への影響を最小限におさえなければなりません。上司はそこまでを見通す必要があります。

## 07
## 「いいにくいこと」をどう伝えるかもリーダーに必須のスキル

いいにくいことを伝えるネガティブフィードバックは、部下の成長やチーム全体のパフォーマンス向上に欠かせない重要な要素です。しかし、伝え方を間違えると、モチベーションを下げたり関係性を悪化させたりする可能性があります。適切な方法でネガティブフィードバックを行うことで、建設的な改善を促し、信頼関係を維持することができます。

まず重要なことは準備をしっかり行うということです。フィードバックする内容に関する具体的な事実や事例を収集し、曖昧な情報や感情的な判断にもとづく面談は避け、フィードバックの最終的な目的（例えば、パフォーマンスの改善、特定の行動の修正など）を明確にします。

問題点を指摘するだけでなく、改善策やサポート方法も事前に考えておきます。例えば、事実の収集として「最近のプロジェクトで提出期限が3回連続で遅れています」。目的の設定として「時間管理スキルを改善し、今後のプロジェクトをスムーズに進めることを目指しましょう」。解決策の準備として「タスク管理ツールの活用や優先順位づけの方法を一緒に見直しましょう」という具合でしょうか。

次に重要なのは、**適切なタイミング**と場所を選ぶことです。人前でのフィードバックは若い世代にとって中身の問題よりも「恥をかかされた」と受けとる可能性があるため、**個別のミーティングや静かな場所で行う**のが原則です。また、問題が発生した直後にフィードバックすることで、状況が新鮮なうちに改善策を検討できるので**タイミングを考慮すること**が重要となります。それに**感情的になっている場合は、落ち着く時間をとること**も重要です。

フィードバックには双方の意見交換が必要なため、急いで終わらせるのではなく、**十分な時間と場所を設ける**ことが大切です。例えば、「明日の午後、一緒にカフェでお話する時間をとれますか？」というような時間と場所の打診をしたり、「先週のミーティングについてお話ししたいのですが、今、ちょっと時間をもらっていいですか？」というように事前の連絡をしたりして、タイミングを調整するのが望ましいです。

三つ目は**明確かつ具体的に伝える**ということです。それには、抽象的な表現ではなく、具体的な行動や出来事を示さなければなりません。

「いつも」「全然」などの極端な表現は避け、正確な情報を提供し、主観的な意見よりも、客観的な事実に焦点をあてます。例えば「昨日のクライアントミーティングで、準備した資料に誤字がいくつかありました」「先週の報告書では、データ分析の部分にいくつかの計算ミスが見受けられました」など、具体的に伝えましょう。

四つ目は、**行動に焦点をあて、人を非難しない**ということです。問題となる行動に焦点をあて、個人を攻撃しないようにします。行動と人格を分けずに指摘するとパワハラ疑惑が発生しますが、かといってパワハラを恐れて指導できないのはいけません。「だいたい、いつも君は○○だよね」というフレーズを使ってしまう方は「○○」に何が入っても人格否定ととられる可能性があるので気をつけましょう。

また、**評価的な言葉よりも、観察した事実を伝える**ようにします。「最近、締め切りが遅れることが何度かありました。例えば、先週のプロジェクト報告書の提出が予定より2日遅れました」「会議中に2回発言を求めましたが、その時に具体的なアイデアを出すのが難しそうに見えました」などです。この時に念頭に置きたいのは、**感情に訴える言葉や攻撃的な表現は避け、冷静に伝えること**です。「最近、会議への遅刻が続いています。時間管理について一緒に改善策を考えましょう」というように**指摘だけでなく一緒にというスタンス**があればなおよいでしょう。「あなたはだらしない」という人格に対する指摘ではなく、「提出物の締め切りが守られていないことが多いので、スケジュール管理についてサポートが必要かもしれません」と**指導の必要性を語る**のもいいでしょう。

五つ目は**Iメッセージ**をできるだけ使いたいです。「私はこう感じた」という一人称のI（私）を主語にして伝えることで、相手が防御的になりにくくなります。加えて状況改善に関与する意志を伝えることで責任を共有する姿勢を示すと同時に、相手の立場や状況を理解しようとする共感の姿勢を持ちたいところです。「最近のプロジェクトでの進捗が遅れていることで、私は少し心配しています。何かサポートできることはありますか？」「多忙なスケジュールで大変だと思いますが、その中で品質を維持する方法を一緒に考えたいです」。

六つ目は**建設的な解決策を提案する**、です。問題点だけでなく、どうすれば改善できるかを具体的に提案しますが、一方的に指示するのではなく、相手に意見を求め、解決策を同時に考えてもらいます。その際に必要な支援やリソースを提供する意志を示したいところです。

例えば「次回のプレゼン準備の際には、事前に私が内容を確認する時間を設けましょうか？」と提案し、「この課題を解決するために、あなたはどのような方法が有効だと考えますか？」と意見の共有を行います。「時間管理について、新しいツールを試してみるのはどうでしょうか？　導入のサポートをします」とサポートの提供を約束してみるのもよいかもしれません。

## 08
## 知識は座学でも得られる、スキルは実践が必要、だが経験値がないと市場価値が上がらない

これまでZ世代をはじめとする若者の特徴を述べてきましたが、社会人経験が長い我々からすると、歯がゆく思うことは「社内だけでなく世間から評価される、つまり一人前になるまでにはよい経験を積む必要があるのに、ネット記事などに踊らされての浅い知識で拙速なキャリアチェンジをしないでほしい」ということではないでしょうか。そういう彼らには、以下のようなアプローチが有効です。

## 具体的な事例や実例を用いる

実際に成功している人々のキャリアパスを例に挙げ、彼らがどのようにして経験を積み、スキルを実践で磨いてきたかを示します。例えば、現在成功しているビジネスリーダーや専門家がどのようにして経験を積み上げてきたのか、その過程でどのような困難を乗りこえたのかを具体的に伝えます。「ある企業のエンジニアは、新卒で入社してから3年間、困難なプロジェクトに関わり続けた結果、その経験が評価されて、次の職場で倍の給与を提示されたと聞いたことがあります。座学で知識を得ることはもちろん重要ですが、実際のプロジェクトで得られる経験値が市場での評価を大きく変えるのです」。

また、上司自身のキャリアにおける具体的な経験を話すことも効果的です。「自分が若い頃、同じように辞めたいと思ったが、あるプロジェクトで得た経験が後に大きなキャリアの転機となった」というようなエピソードを共有することで、経験がどれだけ重要かを実感させることができるでしょう。

## スキルと経験の関係を明確にする

知識を得ることと、スキルを身につけることの違いを説明します。知識は座学で得られますが、スキルは実際の仕事やプロジェクトを通じて磨かれるものであり、そのスキルが市場で評価されるには、何度も実践し、試行錯誤を重ねた経験値が必要であることを伝えます。

そしてそのような経験がなければ、そのスキルが市場でどのように評価されるか、また、どれだけの価値を持つかを証明することが難しいことを説明します。特に、採用担当者が求めるのは、知識だけでなく、実際にその知識をどう活用したか、どのような結果を出したかという実績であり、経験値が高まっていない求職者はほぼ間違いなく、採用面接をクリアすることはできない旨を強調します。「プログラミングの知識を持っているだけでは、企業はその人が実際にどれだけのシステムを構築できるかを判断できません。過去にどれだけのプロジェクトを成功させたか、その経験があることではじめて、企業はそのスキルに価値を見出すのです。それに具体的にその経験や苦労話を面接の場面で語れなければ、評価されないはずです。少なくとも私が採用担当者なら、その辺のことは根掘り葉掘り尋ねます」のように説得するのがよいでしょう。

## 将来のキャリアへの影響を示す

経験の不足がキャリアにどう影響するかを考えさせることですが、転職市場での競争力を説明するのは有効です。例えば現在の仕事を辞めた場合、次の職場でどのような評価を受けるか、また、他の求職者と比較してどれだけの競争力があるかを考えさせます。特に、経験が浅いと、同じレベルの仕事を探すこと自体が難しくなり、転職はリスクがあることを伝えます。ただし、**脅すのではなく、客観的なデータや事実にもとづいて説明すること**で、冷静に考えさせるのがポイントです。

「もし今、経験を積まずに辞めてしまったら、次の職場でどれだけの価値を提供できるかが不明確になります。特に、今後キャリアアップを考えているなら、今の経験がその土台となるので、ここで踏ん張って経験を積むことが、将来の自分の市場価値を大きく高めることになります。採用側は第二新卒であっても一定の評価すべき経験があることを前提としているので、勤務年数は浅くてもどれだけ深く経験しているかを見るはずです。横軸に年数、縦軸に経験の深さをあてはめてグラフにしたら、その面積が広いかどうかを確認するイメージです」。

また、短期的に見ると辞めることが楽に思えるかもしれませんが、長期的に見ると、経験を積むことで得られるキャリア成長の機会が失われるリスクがあることを説明します。将来的にどれだけのキャリアアップを望んでいるかを確認し、そのためには現在の経験がどれだけ重要かを強調すればよいのではないでしょうか。

## ポジティブなフィードバックで成長の機会を提供する

重要なのは、目の前の課題を成長のチャンスととらえさせることです。部下がとり組んでいるプロジェクトやタスクについて、適切なフィードバックを提供し、どのようにしてスキルを高められるかを具体的に示すことで、今の仕事が成長に直結していると感じさせます。「今のプロジェクトでの経験は確かに大変かもしれませんが、この経験があなたのスキルセットを大きく成長させます。これを乗りこえることで、自分の市場価値がどれだけ上がるかを考えてみてください。もし必要であれば、私もサポートします」のように、語りかけてみてください。

また、部下がすぐに辞めたいと思う理由の一つに、現在の仕事にやりがいや成長を感じられていない可能性もあります。その場合、少し難易度の高いプロジェクトや新しい役割を与えることで、彼らが自分のスキルを試し、成長を実感できるようにします。

## 現実的な選択肢とリスクを説明する

すぐに辞めた場合のリスクを具体的に説明することも必要です。例えば、次の仕事が見つからない可能性や、経験不足が理由で望んだポジションに就けないリスクを示すのは有効でしょう。

辞める前にしっかりとした計画を立てることの重要性を強調し、感情的に辞めるのではなく、計画的に次のステップを考え、現在の職場でどのような経験を積むべきかを一緒に考えることを提案します。「今すぐ辞めるというのは一つの選択肢ですが、現実的に考えてみましょう。次のステップに進む前に、今の職場で得られる経験を積んでおくことで、より有利なポジションを手に入れられる可能性が高くなります。それは社内においてもいえることですが」などです。

いずれにしても部下が「辞める」と口にする時点で、既に転職先が決まっていたり、辞めることを決意していたりしたとしても、上記のような対応をすれば、「上司は自身の都合ではなく、私のキャリアを考えてアドバイスしてくれている」ととらえてくれる可能性が高くなるでしょう。これにより、部下は今の仕事に対する意欲を高め、将来のキャリア形成においても有利な立場を築くことができるでしょうし、このような上司がいる今の会社は悪くないなと思えるようになれば、転職という選択肢を選ばない可能性が高まることでしょう。

## 09 上司は「ロールモデル」になれないが、メンターになれる

Z世代などの若者にとって、世代間ギャップが大きい上司はロールモデルにはなりえないと思いますが、**メンターとして指導することは十分に可能です。**メンター的存在になるためには、以下にご紹介するような共感や信頼関係の構築、柔軟なコミュニケーション、そして個々のニーズに応じたサポートが必要です。

### 共感と信頼関係の構築

部下と**定期的に1on1ミーティング**を行い、オープンなコミュニケーションを心がけます。

仕事の進捗だけでなく、彼らの悩みや将来のキャリアについても話し合い、上司が彼らに関心を持ち、サポートしたいと思っているという姿勢を示します。

また、部下のプライベートな興味や趣味についても関心を持ち、共感を示すことで、信頼関係を深めることができるはずです。もちろん過度にプライベートに踏み込まないよう、バランスを保つことが大切ですが、構ってほしい世代でもあるZ世代の方が、その上の冷めた世代よりも効果は高いはずです。

その際、Z世代が何を重視し、何に価値を置いているのか理解し、それを尊重する姿勢を持つことが重要です。例えば、Z世代はワークライフバランスや多様性を重視する傾向がありますが、こういった価値観を理解し、それに合わせた指導を行うことが大切です。

旧世代の我々が常に気をつけたいことの一つですが、自分の意見をおしつけるのではなく、相手の話をしっかりと聴き、共感を示すことです。フィードバックの場では、若者がどう感じているか、何を考えているかを重視し、それにもとづいた助言を行うようにします。

## 柔軟で適応的な指導スタイル

我々の世代は「面と向かって話さないと伝わらない」と対面での会話を重視しますが、Z

世代はチャットツールやビデオ会議など、デジタルコミュニケーションを得意としているので、これらのツールを活用すると、効率的なコミュニケーションをとることができます。必要に応じて対面での指導を行う一方、オンラインミーティングやチャットでのフォローアップを組み合わせることで、柔軟なコミュニケーションを維持します。これにより、彼らの働き方に合わせたサポートが可能になります。

また、彼らは自己肯定感を重視する傾向があるため、ポジティブなフィードバックを適切に行い、モチベーションを高めます。ただし、お世辞や過剰な称賛は演技だと思われるので避け、具体的な行動や成果に対してフィードバックを行うことを重視します。

逆にネガティブなフィードバックを行う際には、問題点を指摘するだけでなく、具体的な改善提案を行い、次のステップを示すことで、彼らが前向きに改善にとり組む姿勢を持つようになります。

## キャリア形成のサポート

詳しくは次章以降で述べますが、彼らが目指すキャリアについて上司が一緒に考え、具体的な目標設定をサポートすることは世代に関わらずどんな部下に対しても有効です。彼らの強みや興味を考慮した上で、キャリアプランを一緒に作成し、その達成に向けたサポートを提供します。

その際、**短期的な目標（半年から3年）と長期的な目標（5年以上）を分けて設定し、それぞれに向けた行動計画を立てること**で、彼らが自分のキャリアを積極的に考え、行動できるようになります。

そして、上司自身の経験や知識をもとに、若者にとって実際に役立つスキルやアプローチをアドバイスします。具体的な状況に応じた助言を行うことで、彼らが日々の業務に活かせる知識やスキルを習得できるようにします。これがメンターとしてのアドバイスです。

## 自分自身も学び続ける姿勢を示す

**上司自身が常に学び続けている姿勢を示すこと**は、メンターとしての信頼性を高めます。というよりそういう姿勢を見せないとメンターとして認識されません。新しいスキルや知識を積極的に学び、部下と共有することで、若者にとっても成長のロールモデルとなります（会社員としてのロールモデルではありません）。

例えば、Z世代はテクノロジーや新しいトレンドに敏感ですから、上司としても、業界の最新情報や技術に関心を持ち、それを業務に活かす姿勢を見せることで、彼らにとって信頼できる存在となります。

その際に、**自分の弱さや失敗をシェアすること**がポイントです。自分自身の失敗やそこから得た教訓をオープンに話すことで、彼らに対して親しみやすさを感じさせることができます。失敗から学ぶことの重要性を伝え、彼らがチャレンジすることを恐れないようにサポートします。**部下が上司から聞きたいことは武勇伝ではなく、失敗した自虐ネタなのです。**

最後に、**柔軟な思考と適応力を持つこと**も重要です。若者からの新しいアイデアや意見を尊重し、それを積極的にとり入れることで、彼らが自分の意見が尊重されていると感じ、主体的に行動するようになります。自分のやり方や考え方に固執せず、若者のアプローチを試してみる柔軟さを持つことができれば、彼らが新しい方法で成果を出すチャンスを提供することができます。

# 第４章

# イマドキの上司ができるのはキャリアコーチング

# 01 「キャリア開発」に力を入れないと採用も引き留めも難しい時代！

「Z世代の新人は入社3年を目途に、転職を含めた今後のキャリアを考える」とお話ししましたが、会社、あるいは上司は、そういう若者のマインドを理解することの重要性が増しています。

「キャリアといっても3年程度じゃあまだまだ半人前なので、まず目の前の仕事をしっかりやってくれ！」といいたいのはやまやまですが、せっかちでタイパ重視のZ世代は自分の現在の社内での立ち位置はさておいて、「この会社でこのまま続けていくべきか」という自問自答をはじめるのです。

## 社員のキャリアを会社が後おしする時代

そういう若者の気質に気づいた企業は社員の「キャリア開発」の推進を加速しています。

厚労省の調査「令和5年度能力開発基本調査」(https://www.mhlw.go.jp/stf/houdou/

newpage_00159.html）によると、キャリアコンサルティングを行う仕組みを、正社員に対して導入している事業所は41・6％に上ります。

規模に関わりなく半数近くの企業が導入している「キャリア」に関する制度は、決して新しい施策ではなく、CDP（Career Development Program）という従業員本人の長期的なキャリア形成を目的とした、従業員の適性を見極めながら配置や教育を行う制度が以前からあります。日本企業においてはまだ「終身雇用」を前提とした育成計画の一環でしたので、長期的なスパンで考えていたのが、3年程度でキャリアを見極めようとする若者の「キャリア観」が変わってきた今、会社も上司も早期のうちに若者のニーズをつかむ必要性ができたのです。

また、こういった施策は大企業よりむしろ中小企業がもっと積極的にとり組むべきです。政府や経団連は思い切った賃上げを目指していますが、業績回復がおぼつかない中小企業では、大企業並みの賃上げは困難な中で、「社員のキャリア開発を支援する」というコンセプトを掲げると、報酬とは異なる魅力を社員や求職者に与えることが可能なのです。

## 人材の採用、引き留めのために！

「自身のキャリアを考える」ことがあたり前となった社会環境では、就活生や若年層の求職者にとって**「キャリア開発支援」の有無やその充実度が、働く企業を選ぶ基準**になっています。初任給はどの企業も足並みを揃えるため、**入社してからの体制に関心が向く**のです。

新卒採用を考えても、幼稚園や小学校の頃からキャリア教育が開始され、大学にはキャリアセンターが設置され、キャリア相談が容易になっているだけでなく、**採用面接においてもキャリアはワークライフバランスと並んで学生の重要事項**となっています。

中途採用においても、35歳転職限界説は遠い昔の話で、転職が特別なことではなくなり、転職エージェントへの登録についても若年層だけでなく高年齢層であってもハードルが下がっています。また、エージェントとの面談ではキャリアプランを重要視するため、キャリア意識の低かった求職者でもその意識を高めざるを得ない状況にあります。

ＡＩが現在の人間の50％以上の仕事を代替するなどのニュースを見れば、「自分は何の仕事をしていけばいいのか？」と考えることもあるでしょう。

社内の現有社員に目を向けると、上記の様に**「キャリア」が意欲の軸**になっており、**キャ**

**リアに反する、あるいは説明が不十分な異動・配置は人材喪失リスクが大きくなり**、実際、筆者がクライアント企業にヒアリングした際、退職確定者に対する退職理由インタビューでも**「キャリア」は最頻出ワードとなっています。**

加えて、**上級職・専門職以外でも勧誘やヘッドハンティングが盛んになっており**、即戦力の中堅・ベテラン社員だけでなく、若手・第二新卒がターゲットになるケースが増えています。

## 人材の活性化、最適活用を目指して

キャリア開発に力を入れるべきなのは、「辞めないように」という後ろ向きの理由だけではありません。キャリア意識の高い社員が増加すると、**キャリアプランの実現を目指すことがモチベーションの源泉の一つとなり、その支援が会社に対する信頼につながると考えられます。**

社内での欠員補充や新組織の立上げにあたって社内公募を募る企業などでは、例え応募をしなくとも自身のキャリアプランを真剣に考える機会となっており、社員のキャリア自律・キャリア意識の向上に寄与しています。

社員のモチベーションを高める要素として「**内発的動機づけ**」という概念があります。物事に対する興味や探求心など「人の内面的な要因によって生まれる」動機づけのことですが、職務に対する興味や関心、やりがいや働きがい、達成感といった自身の内側からくる動機が行動に結びつきます。まさに、外発的な刺激（報酬や評価、懲罰など）とは違い、**内発的動機の「自身のキャリアを考える」ことは高い集中力を発揮したり、質の高い活動などを自ら進んで長期間続けたりすることが期待できるのです。**

そうすると社員が持っている力を最大限発揮してもらうために、**社員のキャリアプラン実現の視点も入れた異動・配置や業務の中での役割付与を考慮すること**が重要になります。

働き方改革でも効率的・効果的な「自分の成長」について考えさせられることもあると思います。「キャリア」を重視する傾向は今後まだまだ強まっていくでしょう。

# 02
# 「キャリア」は「お金」と並んで世代をこえた共通の関心ごと

これまでZ世代をはじめとする若者の特性などを述べてきましたが、**どの世代においても共通する関心ごとは「お金」と「キャリア」です。**

世代の違いだけでなく、個々人の育った環境、考え方・志向性、家族との関係、ライフスタイル、趣味などにおいて**価値観が多様化しており、会社側が多くの社員を誘導するような施策は考えづらくなっています。**

そもそも会社で働く主要な目的は自身の労働を提供してお金の報酬を受けとることであり、会社で採用している様々な人事制度は社員の処遇と関連しています。給与、賞与、退職金、インセンティブ、福利厚生など金銭的な制度はもとより、その支払い額の根拠として社員のパフォーマンスを査定するために人事評価制度があります。

また報酬の水準を役割や実力、能力の高さなどに応じて一定の範囲に設定するために等級制度が存在します。報酬を上げようと思ったら、昇格を目指して年度の人事評価でよい成績をとり、より高い等級に位置づけられることで報酬レベルの範囲が上がります。

## 各世代はこれからどのように働くのか

「キャリア」はお金以外で唯一全社員に共通する関心ごとであるはずです。「いくら稼げるか」と同じくらい「これからのキャリア」が今後の人生の歩み方として重要なことだからです。

Z世代をはじめとする若手社員であれば、「一社で会社人生をまっとうする」ことを心に誓っている人はいないでしょうし、できるだけ早く必要な経験を積んで、少なくとも会社あるいは世間で通用する市場価値のある社会人に成長する必要性を感じています。

30代であれば、仕事人としての自立・自律が求められ、自分の名前（責任）で仕事をする存在となり、個性や強みが顕在化し、同期入社の仲間との実力差が出る時期です。その一方で結婚や出産などプライベートに大きな変化が訪れる中で働き方を考えることになります。

40代、50代になると、「さらなる昇進を目指すのか」「専門性の向上を目指すのか」の岐路に立たされることになります。「現状維持ができればいい」という考えもありですが、少なくとも会社の成長・変化に合わせた実力の向上があってはじめて（社内における）現状維持といえるため、ある程度のスキル・経験・知識の更新がないと、会社の業績が悪化したら真っ先にリストラの候補者としてノミネートされる笑えない状況に陥ります。

まもなく定年を迎えようとしているバブル世代だと、「自身のキャリアなどこれまで考えてきたことなどなかった」という方も多いと思いますが、人生100年時代を迎えようとしています。そういう彼らも定年後再雇用の仕事や働き方をどうするのかを迫られることになります。

## 人生100年時代のうち60年が仕事人生

2016年に邦訳が出版された『LIFE SHIFT（ライフ・シフト）―100年時代の人生戦略』（リンダ・グラットン、アンドリュー・スコット著、池村千秋訳、東洋経済新報社）が日本でもベストセラーになり、人生100年時代という言葉が定着しました。

この書籍では2007年に日本で生まれた子ども（執筆時の2024年現在高校生）の半分は107歳まで生きることが予想され、同様に1987年生まれで98〜100歳、1967年生まれでも92〜96歳まで生きると推計されています。

つまりまもなく定年を迎えようとしているバブル世代でも定年後30年以上の生存が考えられるのですが、それなりの生活を維持していこうと思えば、少なくとも80歳くらいまでは元

**気で働いて稼がないといけないことになります。**学生時代のアルバイトを含めると、おおよそ20歳あたりから働きはじめて80歳までとなると、なんと60年間が仕事人生ということになるわけです。

話がZ世代からそれてしまいましたが、「キャリア」というキーワードはどの世代、どんな状況の社員であっても意識せざるを得ない重要なテーマです。仮に「いままでキャリアなんて考えたことはなかったです」という方であっても、キャリアに向き合うことはこれからの人材育成・部下指導領域の必須項目となるのです。

## 03 「キャリアを考える」とはどういうことか

読者の皆様は、〝キャリア〟という言葉からどんなことを連想するでしょうか。〝キャリア〟とは何か？　その意味について考えていきたいと思います。

「キャリア開発」「キャリアデザイン」「キャリア教育」「キャリアパス」「キャリアコンサルタント」「キャリアアップ」「キャリアビジョン」などなど、近年、目や耳にすることが多い〝キャリア〟という言葉ですが、インターネットなどで調べてもその定義をシンプルに示したものは非常に少ないです。

キャリアという言葉の語源はラテン語のcarrariaです。荷馬車や四輪の荷車の通り道、轍(わだち)、つまりこれまで歩んできた道のりとこれから歩む道のりを意味し、物理的な軌跡だけでなく、歩んできた『意味』もニュアンスとして含まれていると思います。キャリアについても同様です。

ご参考までに専門家は以下のように様々な「キャリア」の定義をしています。一番しっくりくるのはどれでしょうか。

「過去から将来の長期にわたる職務経験やこれに伴う計画的な能力開発の連鎖を指すもの」(厚生労働省：https://www.mhlw.go.jp/stf/seisakunitsuite/bunya/koyou_roudou/jinzaikaihatsu/career_consulting.html)

「仕事も含めた人生全般を意味する言葉であり、その人自身の価値観や生き方に深く結びついている言葉なのです」(特定非営利活動法人 日本キャリア開発協会：https://www.j-cda.jp/your-own-career/about-career.php)

「個人の仕事に関わる、生涯にわたっての成長と適応を目的とした自己開発の連鎖」(平成19

年中央職業能力開発協会『職場で活かすキャリア・サポート』※）
「生涯においてある個人が果たす一連の役割、およびその役割の組み合わせ」（ドナルド・E・スーパー※）
「単なる職業、職務、進路ではなく、相互に作用しあい影響しあう人生の様々な役割を包括する概念」（L・サニー・ハンセン※）
「一般に『経歴』、『経験』、『発展』さらには、『関連した職務の連鎖』などと表現され、時間的持続性ないし継続性を持った概念としてとらえられる」（平成14年厚生労働省「キャリア形成を支援する労働市場政策研究会」※）
（※厚生労働省：「ジョブ・カード講習テキスト」https://www.mhlw.go.jp/seisakunitsuite/bunya/koyou_roudou/jinzaikaihatsu/jobcard_system/jobcard_koshu/pdf/text_seido-H3010-all.pdf）

## 「キャリア」とは経歴のこと？

これまで一般的にいわれていたこととしてよい経歴（高い学歴・会社・花形部署など）がよいキャリアである、というものがありますが、決してそういうものでもありません。

例えば、どんなに他人から見てよい経歴だからといって、その人が納得したり、満足したりといった「意味」を見出せているとは限りません。自分で意味を感じていない経歴をいくら歩んでいても、そして意味を感じないまま仕事をしていても、意欲や頑張りはなかなか続かないでしょう。

そう考えるとZ世代をはじめとする若者をマネジメントするという本書の主旨から、ここでは〝キャリア〟をシンプルに定義して、「**意味のある会社人生**」と考えたいと思います。

## 「意味のある会社人生を歩めているか」という問い

では、自分にとって「意味のある会社人生」とは、どういうことでしょうか？

上司にとっては、部下一人ひとりについて「意味のある会社人生を歩めているか？」「これから歩ませるためにはどうすればよいか？」を考えていくことが、部下のキャリアを考えることの第一歩だと思います。「意味がある」とは、本人にとって意味があるだけでなく、会社にとっても意味があることを含みます。本人が一方的に意味を感じることではなく、**会社と本人の「意味」が両立していること**が重要です。

また、誤解がないように補足すると、意味のある会社人生＝本人の希望がすべて叶うことでは決してありません。**時には、希望が叶わない現実の厳しさを知り、自身で消化（昇華）**

し何かに活かしていくことも必要なことです。

そして「意味」を見出すために最も効果的かつ重要なことは、会社、顧客などの周囲から自分への「期待」をしっかりと認識することに他なりません。期待に応える＝意味を見出すといっても過言ではありません。また期待に応えることで、本人の意味と会社の意味が両立するのです。

## キャリア開発には〝山登り型〟と〝筏《いかだ》下り型〟がある

部下のキャリアを開発するとは、「何か明確な目標（ゴール）を決めて、そこに向かって進んでいくことなのか？」「そんなに明確な目標（ゴール）なんて、皆が皆持てるものなのか？」という疑問が沸きます。

日本経済新聞の最終ページに、1か月連載の『私の履歴書』という立身出世した方のコラムがあります。そこに執筆しているのは企業の創業者や中興の祖といわれる各界で著名な方々ですが、内容を拝見すると若いころから明確なキャリア目標を持っていたわけではなく、自身に降りかかる火の粉をかぶりながらも、懸命に考え、努力しトップに上り詰めたキャリア・サクセスストーリーとなっています。

そういう成功者のパターンも含めて、キャリア開発は、「山登り」と「筏下り」に例えられることがあります。目標（山頂）を目指して進むだけでなく、激しく変化する環境（川の流れ）に対応しながらも意味を見出していくこともキャリア開発であり、この両パターンがそうといえるでしょう。

長い会社人生の中では、目標に向かって進むことに意味を見出す時期もあるでしょうし、ある時期はとにかく忙しく仕事をしながらもその中から意味を見出していく時期もあります。それは読者の皆さんが自身のキャリアを振り返った時に気づくことではないでしょうか。

## 04 部下の「キャリアを開発する」とはどういうことか

「意味」をもう少し具体的にいうと、それは「使命」の実現（燃える瞬間）といえます。人はそれぞれ何かしらの「使命」を実現させている時、あるいは実現に向かっている時に、人生に意味を感じるのではないでしょうか。

キャリアを開発するというのは、必ずしも異動・昇格・スキルアップだけではなく、一人一人が考えている自身の「使命」を実現していくことです。異動や昇進・昇格などは、人によってはその結果もしくは手段の一つです。

この「使命」は、外からはわかりにくく、**本人の内側**にあります。そのため、キャリア開発の主体はあくまで本人であり、**本人にしかできないこと**なのです。そして使命は、やっかいなことに本人自身もはっきりとは認識していないことが多いものです。またその会社内での実現方法もわからないかもしれません。

そこで上司をはじめとする周囲のサポートが必要になるのです。

## あなたの「使命」を考えてみよう

ここでいう「使命」は下のような文法で表現することができます。**それを仕事や生活を通じて実現していくことが「キャリア開発」であり、その実現方法を考えることが「キャリアプランニング」であり、キャリアコーチングの主要なテーマなのです。**

私は、

「『誰』に対して」

「自分の『何（スキル・経験・知見）』を使って」
「『どのような価値』を提供するのか」

ここでいう「**誰**」とは、仕事であれば顧客（社内顧客含む）や部下・チームなど、仕事以外であれば家族や友人・地域社会などの関係者が考えられますが、ここでは部下マネジメントの観点から会社でのキャリアを対象とするので、仕事の関係者を第一に考えます。

「**何**」とは、自身が持ってる経験や知見・スキル・人脈などリソースとなるものです。現在持っていなくても、これから身につけたいものも含みます。

「**どのような価値**」は、先述の「誰」に対して提供したい、自分ならではの「価値」です。「誰」から、どのような期待をかけられているかを認識・整理することが重要です。

なお、様々な「誰」や「価値」があるため、「使命」は一つだけとは限りません。**「誰」の数だけ「使命」は存在します。**

ぜひ部下のキャリアプランを支援する際には、**根底（ベース）にある「使命」を考えるところから支援してください。**

## 使命を考えるためのチェックリスト

「使命」の文法はいたってシンプルなものですが、いきなり書こうと思ってもなかなか難しいのではないでしょうか。次のようなチェック項目を参考にしながら、**部下に考えさせる前にまず自身の使命を書いてみてください。**部下から「課長の使命はどういうものですか？」と聞かれた時に答えられないと洒落になりません。

これまでの仕事人生の中で「燃えた／夢中になった／嬉しかった場面」を思い起こしながら考えてみてください。

**誰に？**

□ あなたのステークホルダーは（広くとらえて）誰ですか？
□ 各ステークホルダーからのあなたへの期待は何ですか？
□ あなたとの関係が強いステークホルダーは誰ですか？
□ 価値を提供すべき重要なステークホルダーは誰ですか？

**どのような価値を？**

□そのステークホルダーにどのようになって欲しいですか？
□そのステークホルダーの現状はどういう状況ですか？
□そのステークホルダーの課題／ニーズは何ですか？
□そのステークホルダーに何をもたらしたいですか？

**自身の何を使って？**

□その提供に必要な三つの重要スキル／経験は何ですか？
□すでに持っているスキル／経験（強み）は何ですか？
□一方、これから獲得が必要なスキル／経験は何ですか？
□スキル／経験以外で利用可能なもの（熱意・人脈など）は何ですか？

## 可能であればミッション・マネジメントに展開したい

経営学の中で体系的にまとめられた概念ではないですが、「ミッション・マネジメント」という概念があります。**企業理念を起点に組織の価値観や行動指針を目標管理のように組織に展開・浸透させ、社員のやる気の向上や組織の発展を目指そうとするもの**です。会社と社員、社員同士が「使命」でつながっている組織は、表面的なつながりではないため強い組織といえます。社員それぞれの性格や嗜好、能力や経験の違いはあっても、共有できる使命とつながるのが最終形といえるでしょう。

**上司が自身の「使命」を部下に公開し、会社と社員の使命の「つなぎ」「翻訳」を行なってみてください。**さらに例えば、会議の中でのちょっとした時間などを利用するなどして**社員同士がお互いの使命を共有し合える機会**を設けてみてください。

## 05 部下のキャリアアンカー(働きがい)を知れば、伝え方が変わる

人生はしばしば「**航海**」に例えられることがあります。そう考えると仕事人生における航路が「キャリア」といえるかもしれません。

組織心理学者のエドガーH・シャイン博士が提唱した「キャリア・アンカー」という考え方があります。個人がキャリアを選択していく上で絶対に譲れない軸となる価値観や欲求、能力などを錨《いかり》（アンカー）に例えているものです。船が錨を下すと船体が安定するように、仕事人生における錨、つまりキャリア・アンカーが定まると働きがいが実感でき、地に足の着いた働きが期待できます。

キャリアコーチングを実践するにあたって、部下がどのようなアンカーを持っているのかを理解するのはとても重要なことです。専門家になりたいのか、出世したいのか、自由にやらせてほしいのかなど、どういう方向性を目指し、どんなところにやりがいを感じるのかがわかれば同じ仕事でも依頼の仕方や教え方が違ってくるはずです。

上司が「今回アサインするプロジェクトは顧客の要求が厳しいけれど、チャレンジ精神が旺盛な今の君ならきっと完遂してくれると思っているので頑張ってくれ！」と奮起を促す言葉がけをしたとします。しかし、そういわれた専門家志向の部下は「何でもかんでもチャレンジしたいわけではないです。あくまで自分の専門性の経験値が高まると思ったため、これまで積極的に引き受けていたので、今回のように技術的に勉強になるところが少ない上に、理不尽な顧客に気を使うことに時間をとられると考えると、タイパが悪いです」という展開になるかもしれません。

この場合はむしろ「今回のプロジェクトでは相手の担当者は業務の細部にまで注文をつけてくる厳しい人だが、顧客対応力を養うには絶好の相手だ。ここでの経験は君の目指す専門性に磨きをかけるだろう」という方が納得しやすいはずです。

## 八つのキャリア・アンカーで部下の働きがいを探ってみよう

キャリア・アンカーは以下の八つのカテゴリーに分類されています。**部下が仕事を遂行していく上で、どういうところに価値を置き、どのような欲求があり、力を発揮したいと思っているかの手がかりがつかめれば、指導・育成する際の有効なツールとなります。**

それではまず、エドガー H・シャイン博士の著書『キャリア・アンカー 自分のほんとうの価値を発見しよう』（金井壽宏訳、白桃書房、２００３年）に記されているそれぞれのアンカーの特性を見てみることにしましょう。

■専門・職能別コンピタンス（Technical / Functional Competence）

特定の仕事や職業・分野で自分を活かすことに関心が高い。自身の専門性をより高め、専門家（エキスパート）として生きていくことに誇りを持っています。いかに才能を発揮できるかによって自尊心が左右されるので、才能（専門性）を活かせる仕事を好みます。このアンカー以外のタイプはどちらかといえば仕事をとり巻く脈絡（コンテクスト）に向かうのに対して、この人たちの関心は仕事の内容（コンテンツ）そのものに向かいます。

給与面では、自身と同等の専門性にある内部・外部市場での公平性は気になりますが、いわゆる出世（組織管理職への登用）よりも、専門家としての昇格（認定）のある制度を望み、少しの昇給よりも、賞をもらったり、表彰されたり知名度が上がったりすることの方が価値のあることなのです。

専門家にとって最も価値ある評価は、プロの同僚からの高い評価です。仕事内容がよくわかっていない上司から評価されてもあまり嬉しく感じません。本人の専門領域をもっと勉強でき自己啓発できる機会を望みます。また専門性の発揮が制限されるくらいなら、組織の責任者への登用の話（報酬のアップ）が出ても断るかもしれません。

■経営管理コンピタンス（General Managerial Competence）

統合的なマネジメントの職位に就きたい出世志向の人です。様々な経験を通じて特定分野に留まることなく経営管理そのものに関心を持ち、重い責任のある仕事を望みます。リーダーシップを発揮できる機会、所属する組織に貢献できる機会を求めます。

給与面では高給を期待し、所得水準によって自分を測ります。専門・職能のアンカーとは対照的に社外との比較ではなく、社内の人と比べての公平性を志向する傾向があります。

このアンカーのある人の承認の仕方はより責任の重い地位に昇進させることですが、自身の社内での位置づけや序列、肩書、給与、部下の数、予算の大きさなどを総合的に判断します。例えば、自分が任されている仕事やプロジェクトの意義、束ねる組織の将来性、社内での重要度・経営貢献度などに意識が向いています。

■自律・独立（Autonomy / Independence）

自分のペースで仕事を進めることにこだわるタイプで、どんな仕事に従事している時でも自分のやり方、自分のペース、自分の納得する方法で進めたいのです。大組織にいる人の場合、研究開発や財務分析、市場調査など比較的自律的な仕事ができるところに落ち着こうとします。このタイプの人に仕事をさせる場合、**目標が明示され、それを成し遂げる手段は一任されること**を望みます。きめ細かく監督されることは耐え難いので、組織が目指す目標に同意しても、**目標設定後は自分にまかせてほしいという思い**が強いのです。

彼らにとって昇格・昇進は**自律の幅が広がること**であって、序列が上がったり責任が増したりしたとしても、それが自律性を奪うことにつながるなら、それは脅威に感じます。

新人の場合ははじめから全部自分で決めさせることはできませんが、**少しずつ信頼を得ながら自分で決められる範囲を広げていくこと**が有効でしょう。

## ■保障・安定（Security / Stability）

「**安全で確実と感じられ、将来の出来事を予測することができ、かつ上手くいっていると知りつつゆったりとした気持ちで仕事をしたい**」そういうキャリアを送りたいと思っているタイプです。誰しもある程度は生活が保障され、安定してほしいと思っています。大きなローンを抱えたり、家族の教育費がかかったりする時期や定年退職が近づいた時などはそれにあたるでしょう。しかしこのタイプの人は**安全の保障という課題がキャリア全体を通じて支配的**であり、キャリアについて大きな決断をする時は、これらへの関心が指針となり、また制約にもなります。

彼らは職務の充実や職務上の挑戦など内発的動機づけの施策よりも、どちらかといえば**給与や作業条件、福利厚生の充実・改善といったことの方に関心が高い**といえ、**終身雇用、年功序列が最も安心できる体制**でしょう。また、保障・安定を手に入れるために異動や転勤命令も前向きに受け止めるので、ある意味で**忠誠心が組織の業績に貢献する**と信じたいところです。

■**起業家的創造性（Entrepreneurial Creativity）**

多少のリスクはあってもチャンスがあれば「**自分で事業を起こしたい**」「**新しい事業に関わりたい**」とキャリアの早い段階から考えている人です。**企業内でもプロジェクトを立ち上げたり、新規事業や新しい業務を担当したりすること**にモチベーションが上がります。このアンカーのある人たちは、**想像する欲求**に駆り立てられますが、一方で**飽きっぽい傾向**があります。自分が手がけた新規事業や新製品、新サービスが成功したら、そのまま事業の責任者に任命されることになるかもしれませんが、**創造的なことが遠ざかりマネジメントが主たる業務になると興味を失う**でしょう。

私の友人の息子さんは東京の一流大学を卒業しましたが、このアンカーだったのでしょう。学生時代から就活は行わずビジネスを興すために、地方の自治体でアルバイトという身分で経験と人脈を作り、地方の特産物をネット販売する事業を創業しています。

## ■奉仕・社会貢献（Service / Dedication to a Cause）

何らかの形で世の中をもっとよくしたいという欲求にもとづいてキャリアを選択する人です。医療、看護、介護、社会、福祉事業、教育、聖職、カウンセラーなど、人を助ける専門家はこのアンカーを持っていると判断されることが多いです（これらの職業に従事している方でもキャリア・アンカーは様々なのはいうまでもありません）。誰かのため、何かのために役立っているということを実感できることが大切です。この仕事をすることが社会のため、お客様のため、関係する人たちのためになっていたり、その活動をしている組織の一員として貢献・活躍していたりすることが重要なのです。

彼ら彼女らは同じ専門職の仲間および上司の両方から認められ、支持されることで充実感を覚えますが、必ずしも組織への忠誠心を持っているわけではありません。

## ■純粋な挑戦（Pure Challenge）

解決不能と思える難問を解決したり、手ごわい競争相手を打ち負かしたり、困難な障害を克服したりできる機会を逃したくないと思っている人であり、それがこの人たちにとっての「成功」の定義です。スキルが習熟・上達するにしたがってそれまで遭遇したことのない手ごわい相手に挑戦を挑んでいくようになります。専門・職能をアンカーに持つ人との違いは、問題が起こる専門分野ならどこでもおかまいなく挑戦するところです。

目標に挑戦するエンジニアのように知的な仕事の中に見出す人もいれば、プロスポーツ選手や一つひとつの取引を勝負とみなすセールスマンのように、相手との競争の中に見出す人もいます。

ただ、気をつけたいのはこのアンカーを持っている人との相性です。部下が「挑戦」志向であれば上司としては頼もしいところがありますが、上司がこのアンカーの人であれば部下は大変な思いをする可能性があります。いつも困難な課題を持ち込んだり、経営層から過大な目標を引き受けたりする上司には「ついていけない」と部下が離れてしまうという組織を筆者はいくつも見てきました。

## ■生活様式（Lifestyle）

**自分の個人的な欲求、家族の欲求、キャリア上の要請の三つを均衡させ、統合すること**が大切だと考える人です。成功するということは、**キャリア上の成功だけに限らない**と考えています。トータルにとらえた自分の生活をどう送るか、どこに住み、家族との生活をどう折り合わせていくか、どのような仕事・組織であれ、**仕事・組織よりも自分自身をどう成長させるか**ということに一層のアイデンティティを感じます。

ただ、これら三つのテーマを必ずしも常にバランスをとろうというものではなく、時には仕事の面で無理することもあるでしょうし、自分の時間を家族のために割くこともあるはずで、柔軟に対応していきたいという思いで、**会社にもそういう制度を求める**でしょう。

このアンカーはある意味で昨今の働き方改革で目指している姿といえ、筆者が新人研修を行う際、受講者にキャリア・アンカーの診断をしてみると、**ゆとり世代以降の多くの若者は、それ以前の世代に比べてこのアンカーになる比率が高くなっています。**

本書ではキャリア・アンカーの解説をしましたが、もっと詳しくご自身のキャリア・アンカーを確認してみたいという方は、書籍『キャリア・アンカー 自分のほんとうの価値を発見しよう』をお手にとってみてください。また、部下にやらせてみると意外な一面が垣間見ることができるかもしれません。

## 06 Will、Can、Mustの視点でキャリアを考えさせる

経験豊富な上司であれば自身の持っている「知識」「経験」「スキル」の伝授、アドバイスをしたくなると思いますが、キャリアコーチングでは、部下本人に考えさせることが主要なテーマとなります。先述の「使命」と同様に本人に考えさせたいキャリア形成のフレームワークとして「Will、Can、Must」が役立ちます。

Will……やりたいこと、実現したいこと、こうなりたいという思い、価値観、希望、志「自分は何がやりたいのか？」「どんな人物になりたいのか？」「どんな職業人生を送りたいのか？」などの問いです。これまでのキャリアを振り返り、これからに思いを馳せる時、最も重要な観点となります。

これは、部下が将来のキャリアに向けてどのようなことをしたいのかという意欲や希望に関連しており、自己実現や情熱を持って取り組める仕事を見つけることにつながります。職務活動の中で、自分が何をしたいか、どのような目標を達成したいかを明確にすることは非常に重要なことです。例えば、自社のどのような分野・部門で働きたいのか、どんな職務に就きたいのか、どのような役割を果たしたいのか、自分の仕事が顧客や他部門にどのような影響を与えることを望むのかなどを考えることが含まれます。**これによって、日々の業務に対するモチベーションが高まり、長期的なキャリアの満足度も向上するのです。**

しかし、社会人経験の浅い若い社員はイメ

Will-Can-Must

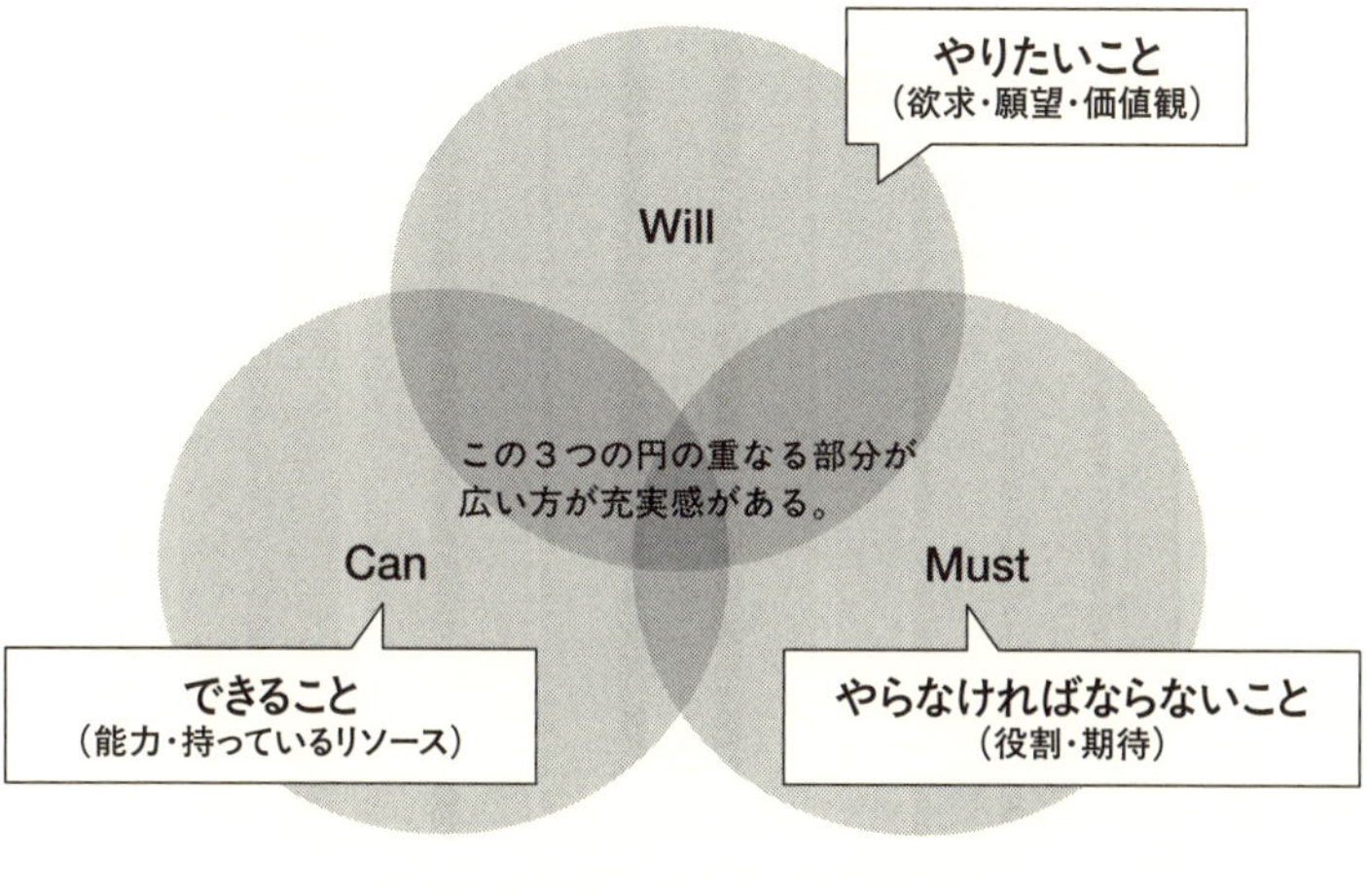

ージがなかなか持てないかもしれません。上司としては、そこを支援するために「**小さな目標**」を設定させてみたり、**近しい年齢の先輩社員の意見を求めたりする**ように指導するのは有効でしょう。

**Can**……できること、活かしたい強み、持っているリソース

**自分が持っているスキルや能力**を指します。現在保有しているスキルや過去の経験を評価し、**それをどのように活かせるかを考えさせること**ができる問いです。自分がどの分野で強みを発揮できるのか、あるいはどのスキルを伸ばす必要があるのかを理解することが、キャリアの方向性を定める際に重要なことです。

**技術的なスキル、コミュニケーション能力、リーダーシップ、問題解決能力などを自己評価し、**それにもとづいてキャリアプランを立てることができると1 on 1の面談もぐっと進展するでしょう。

そして、**これらの能力をさらに向上させるための教育や訓練の機会**の提案を人事部と相談しながらできればよい面談になるでしょう。例えば、会社で契約しているオンラインコースなどのセミナー受講や資格取得支援などが考えられますが、**何より実務経験の積み重ねが最**

**も学習効果が高いこと**は上司であれば体感を伴って理解しているはずです。難易度の高いプロジェクトにアサインしたり、時にはあえて修羅場経験を積ませたりすることも必要かもしれません。ただし部下それぞれの心理面の強弱を考慮して、**メンタル不全に陥るリスク**を考えなければなりません。

**Must**……やらなければならないこと、役割、期待

キャリア開発の前に**会社員として働く上で避けられない要素**です。会社や上司から設定される役割であり、こなさなければならないタスクです、別のいい方をすると「**上司を中心とした周囲からの期待**」です。**本人のやりたい・やりたくない（Will）、できる・できない（Can）に関わらず、周囲の期待を背負って指示・命令が飛んできます。**

経験の浅い若手は「期待されているのは理解できるけど、相手が求めているものを提供しなければ」と焦って上手くいかない場面もあるでしょう。仕事とはいえ、自分がやりたくもないことや、できないと思っていることで貢献しようとするのは苦痛でしかありません。

新卒の新人の場合は、通常は初任配属の段階で、ある程度の適性や本人の志向性・希望などを確認した上で配属されるはずですが、**耳年増のZ世代にはリアリティショックが起きや**

**すいことに注意する必要があります。**

## 三つの円の重なりを大きくする

P151の図1のようにWill、Can、Mustの三つの円が重なる部分を見つけることが有効です。ここが本人の最適なキャリアゾーンです。**この意思（Will）と能力（Can）が一致していても、上司をはじめとする周囲の期待（Must）があまり重なっていなければ本人にとっては辛い状況が続きます。**

三つの要素が均等に重なるバランスをとれるようにするための上司の役割は大きいといえます。WillとMustが重なるがCanが不足している場合、**スキルアップやトレーニングで能力を補強すること**になるでしょう。CanとMustが重なるがWillが欠けている場合、**興味を持てる分野を探し、本人の意欲を高める方法を模索**します。

そして定期的に本人のWill、Can、Mustを再確認し、環境や本人の成長に合わせて調整・支援していくことがイマドキの上司に求められているキャリア支援です。

## Will、Can、Mustで理想の目標設定を指導する

多くの企業では人事評価における評価項目として、期初に業務目標を立てて、期末に達成度合いを評価する目標管理が採用されています。社員の仕事ぶりを評価するには最適な方法といえますが、上手く運用できていないという相談を受けることがあります。

部下を評価する立場の管理職にヒアリングをすると「どうしても上司からのお仕着せの目標になってしまい部下のモチベーションが上がらない」というものが多いのですが、会社にとっても部下にとってもWin-Winとなる最適な目標はWill、Can、Mustの観点からだと考えやすくなります。

例えば、Must（やらせたいこと）とWill（やりたいこと）が重なる領域であれば、仕事の貢献や成果について考え、与えるタスクに意味（この仕事を行う意義）づけを行い、仕事の進め方は本人に任せ、納得感のある評価と成長感を与えることができれば、二つの重なり部分は大きくなるはずです。

またMustとCan（できること）が重なる領域であれば、仕事をアサインする際に本人の仕事量や能力レベルをきちんと把握し、必要な部分に絞って教育を行います。

Ｗｉｌｌと Ｃａｎの重なる領域であれば、本人に対してできていること（できるはずであること）のフィードバックをしっかり行い、仕事のやり方を任せることでしょう。

第5章

# 実践！
# キャリアコーチング

# 01 人事評価のフィードバック面談とキャリア面談は同時にやってはいけない

本章では実際の面談によるキャリアコーチングの進め方や留意点について述べていきますが、面談を設定するにあたっての前提があります。**それは人事評価に関連する面談、例えば目標設定面談や評価のフィードバック面談において、キャリア面談を兼ねてはいけないということです。**

人事評価において期初に上司と部下との間で行う1 on 1面談は、今年度にとり組む評価対象となる業務課題を設定するための面談ですが、課題設定の仕方によっては次年度の報酬に影響があるので、上司も部下もそれぞれの思惑のもと慎重に進めることになります。

多くの企業において人事評価で採用している「目標管理」は達成度合い（達成率）で評価の判断をするために、上司としてはできるだけ高い目標を設定して、チャレンジを促したいところですが、部下はできるだけ低い目標で妥結して達成度を上げたいと考えます。

評価を確定する、または評価を伝えるフィードバック面談では、上司は次年度報酬に直結する評価結果の根拠の提示やその説得に意識が向きます。一方で部下は自身が叩き出した結果だけでなく、どれほどの努力・労力を使ったかなどプロセスを認めてもらって加点評価してもらえるように振る舞います。このような場面でキャリアコーチングの主旨である「これからの君の将来について一緒に考えよう」という展開は困難です。

## 人事評価面談は過去の働きぶりをフィードバックする

人事評価のフィードバック面談では、この1年あるいは半年の部下自身の成果や業績などのパフォーマンスを振り返る機会ですから、部下本人の自己認識が深まり、改善すべき点などが明確になります。また過去の評価をもとに、次期の目標設定の調整を行うことができ、部下は自分の成長目標が明確化され、モチベーションを高めることにつながります。そして、面談でオープンな対話が行われることで、信頼関係が強化され、業務上の期待や課題についての理解が深まるはずです。

しかし、過去の働きぶりに焦点をあてることになるので、評価が過去志向になり、現在や未来の課題や目標、特に中長期的なキャリアなどに十分な注意が払われない場合が多く、部下が未来の成長にフォーカスしづらくなることがあります。また、評価制度の運用ルールにもよりますが、評価者の主観や記憶に依存する部分が大きいため、公平な評価が難しい場合があります。特に、最近の出来事が過大評価される「期末効果」や、個別の出来事などに引きずられる「ハロー効果」などに陥る可能性があります。

さらに、過去の出来事に対してネガティブな面を強調したフィードバックを受けると（本人がネガティブに受け止めると）、社員がモチベーションを失うリスクがあります。特に、改善の余地が指摘された場合、受けとり方次第では自信を喪失する恐れもあります。

## キャリア面談では、将来の働きがい、働き方にフォーカスする

このように人事評価の面談は直近の過去、あるいはこれから最大1年後までのタスクにフォーカスされる性質上、部下とキャリア面談を行う場合は人事評価面談とは別に、夏休み前後や年末年始前後の長期休暇を挟んだ少し時間的に余裕がある時期に行うのがベターです。このタイミングなら目の前の仕事から解放されることもあり、将来に意識を向けるよい時期といえるのです。

過去の評価に焦点をあてる人事評価とは異なり、キャリア面談では部下の将来の目標や希望について話し合うため、自然とポジティブな視点が生まれます。部下は、自身のキャリア

**ビジョンを明確にし、それを実現するためのステップやスキルアップの方法を具体的に考えることができます。**このプロセスは、自己成長の可能性に対する期待感を高め、前向きな姿勢を養うことになります。

さらに、キャリア面談は部下の意見や希望についてヒアリングする機会でもあります。上司は部下の意向を尊重しつつ、キャリアの方向性について助言を与えることができれば、部下は**自己決定感**を持つことができます。自己決定感は、やる気やエンゲージメントを高める要因であり、部下が主体的に行動する原動力となります。**自分の意見が認められ、サポートを約束されることで、部下は安心感と自信を持ち、積極的にキャリアを切り拓こうとする意識が生まれやすくなります。**

また、**明確な目標設定が行われると、前向きな志向につながります。**キャリア面談を会社で制度化している場合（自己申告制度にもとづくキャリア面談制度など）は、具体的な目標やアクションプランが設定されることもため、部下は将来に向けた明確な道筋を見出しやすくなります。これにより、日々の業務が将来にどうつながっているかが理解でき、目標達成へのモチベーションアップにつながるのです。

## 02 上司は「やっていいこと」と「やってはいけないこと」を区別する

上司にとってキャリア面談を行う目的は次のような五つが挙げられます。

一つ目は、「将来のキャリア目標の明確化」です。キャリア面談では、部下が将来どのようなキャリアを築きたいのか、そのビジョンを明確にします。部下が自身の目標や希望を言語化することで、キャリアの方向性がはっきりし、それに向けた具体的な行動計画を立てるための土台を作ることに寄与します。

二つ目は、「スキルや能力の評価と開発」です。部下が目指すキャリア目標を達成するために、どのようなスキルや経験が必要かを評価・確認し、今後の経験の機会提供やスキルアップ、研修の計画を立てます。これにより、部下は自身の強みを伸ばし、弱点を補強するための具体的な道筋を描けるようになります。

三つ目は「モチベーションの向上」です。キャリア面談は、部下が自分の成長と将来に対して前向きな姿勢を持つための機会です。上司からのサポートを得ることで、部下は自分のキャリアに対する意欲を高め、日々の業務にも意義を見出しやすくなります。

四つ目は「**キャリアパスの現実的な調整**」です。キャリア面談を通じて、**部下の希望と組織のニーズや可能性をすり合わせ、現実的なキャリアパスを調整**します。これにより、部下の期待と組織の要求との間でバランスのとれたキャリアプランを策定できることになります。

五つ目は「**長期的な人材育成と組織への貢献**」です。部下のキャリアを支援することで、**長期的な人材育成を促進し、同時に部下の組織に対する忠誠心や貢献意識を高めること**ができます。部下が組織の中で成長し、価値を提供し続けられるようなキャリアプランを構築することが理想です。

これらの目的を通じて、キャリア面談は**部下の成長と組織の発展を両立させるための重要な機会**となります。

## 「やってはいけない」部下の依存を招く四つの対応

上司にとってキャリア面談を行う目的を述べましたが、**キャリア開発の主役は部下本人**であることはいうまでもありません。なので上司が気をつけないといけない大原則は、**部下を上司に依存させてはいけない**ということです。以下に部下の依存を招く四つの対応を紹介します。

一つ目は、部下のキャリア目標や将来像、関心ごと、向き不向きなど「正解」を提供しようとするスタンスです。通常上司は部下よりも経験値が高いので、アドバイスしたいことは山ほどあるでしょう。「君のこれまでのキャリアからすると、これからの3年間は○○の経験をして△△のスキルを高めることで……」など具体的なアドバイスをするかもしれません。アドバイスがいけないのではなく、特にZ世代をはじめとする若者はタイパを重視する世代でもあるので、自分の力で考えようとせず安易に正解を提供してくれる上司に依存する可能性があります。

二つ目は、「Z世代は未成熟だから、上司としてのキャリア支援も手とり足とりの支援が必要だ」という考えも部下の自律を阻害します。仕事の覚えが悪い場合は、手とり足とりのOJTはある程度は仕方がないとしても、将来のキャリアについて細かくあれこれと面倒を見すぎるのはよくありません。

三つ目は部下が考えたキャリアプランの実現を約束することです。面談の場面で部下のやりたいこと、将来のキャリアビジョンに共感することは重要ですが、それを実現することを約束するわけには行きません。人事評価で2年連続標準以下の成績なのに「もう4年同じ等級に留まっているので昇格させてほしい」という部下の申し出に応えることができないのと同じことです。キャリア面談において上司ができるのは支援であって、約束することでは決してありません。

四つ目は、**個人のキャリア開発を組織目標達成よりも優先すること**です。上司のミッションは組織目標を達成することであって、そのためにヒト・モノ・カネ・情報を動かす権限が与えられています。**部下が「やりたい」ということに寄り添う気持ちは重要ですが、組織マネジメントに支障をきたすようなことを支援するのは本末転倒です。**

このようなことを続けていると、部下が上司に過度に「依存」するリスクが高まります。過度な依存とは、**何かにつけて「上司が○○をしてくれない」と考えるようになり、自分で壁を乗りこえようとしなくなる状態、つまり何事も他責にしてしまい、成長を著しく妨げてしまう事態を招くため**注意が必要です。

## 上司が「やること」は部下の自律を促す四つの対応

逆にキャリア面談においては上司がやるべきこと、意識すべきことは部下の自律を促す次のような四つの対応です。

一つ目は、「**部下の〝考え〟を受け止める**」ことです。部下の考え・想い・迷いの受け止め（傾聴）、部下の〝使命〟や〝Will、Can、Must〟の整理を支援し、**部下が考えるキャリアプランの言語化の支援をすることです。**

二つ目は、「**客観視・俯瞰の支援**」です。本人の強みや課題を的確にフィードバックし、**強みが活かせる仕事例や進め方、考え方の提案、本人が見えていない機会の可視化の支援です。**

Z世代に限らず経験の浅い部下は、目の前の仕事・課題にしか意識が向かず、余裕がないために、1年後、2年後の自分や仕事環境の変化などに気づかないことが多いでしょう。部下が客観視・俯瞰できるように支援するのは上司の重要な役割です。

三つ目は、「**自身の経験・立場からの助言**」です。上司自身のキャリアや経験の共有、やりがいや困難克服方法の共有、組織が目指す方向の共有などが主なテーマとなるでしょう。**よくも悪くもタイパ重視の若者は先達が話す経験を自身の経験に置きかえて認識することが得意です。**自身の経験ではないので浅いレベルの理解であっても、有用だと思えば進んで受け入れるでしょう。

四つ目は「**業務の中での成長機会の提供**」です。あたり前の話ですが、上司が若手社員に求めるのは仕事を通じた成長です。**順調に業績を伸ばすことのできる組織は、伸びしろのあ**

**る若手社員の教育・成長が上手くいっているから伸びるのです。**業務における成長機会を提示し、やる気の見せ方など自身の機会を獲得するための姿勢について助言をし、部下のキャリアプランを意識した役割分担をすることです。

## 業績のよくない部下にもキャリア面談が必要なのか？

恒常的に業績が低く、成果が少ない部下のキャリア開発支援やキャリア面談にはどのようなアプローチがあるでしょうか。この答えは簡単です。低業績社員については、まずは業績を上げることに集中します。今の仕事を成し遂げた社員に、次のキャリアチャンスが待っているというのが原則です。1on1の面談の場面では、**個人業績の向上や成果創出を最優先にして、業績低下や不調の要因を検討し、中長期のキャリア（将来）よりも短期の具体的な目標設定と実行方法を決める場にしましょう。**

まずは、部下の現状を把握し、**どのような困難や課題に直面しているのか**を丁寧に聞き、業務の進行状況や成績が振るわない理由を部下自身から説明してもらうことで、課題の根本原因を理解します。上司は責めるのではなく、**部下の視点や感情に寄り添いながら話を聞く姿勢を示すのが重要でしょう。**

次に、現状のパフォーマンスについて**具体的なフィードバック**を行います。ここでは、改善すべき点を明確にしつつ、どのようにすれば成績を向上させられるかについて具体的なアドバイスを行います。**フィードバックはポジティブな面も含め、バランスよく行うことが大切です。**

そして部下が抱える問題に対して、**どのようにとり組めばよいかを一緒に考えます。**具体的な解決策を提案し、それを実行するためのサポートやリソースを提供する意向を伝えます。例えば、**必要なスキルのトレーニングや業務の優先順位の見直し、他のメンバーとの協力などを検討します。**

気をつけたいのは、成績不振の背景には、**モチベーションの低下**がある場合も多いものです。部下が何にモチベーションを感じるかを聞き出し、再び前向きな姿勢で業務にとり組めるようにサポートします。小さな成功体験を積み重ねるための目標設定や、その達成に向けたサポートは約束したいところです。

最後に、今後の具体的な目標を設定し、それに対する期待を明確に伝えます。**目標は現実的で達成可能なものにし、短期的な目標と長期的な目標を組み合わせて設定します。**このプロセスを通じて、部下は自分の役割と期待される成果を明確に理解し、次に向けた行動計画を立てることができるはずです。

## 03 部下のキャリアプランを見る八つのチェックポイント

キャリア面談の大きな目標は、**部下が自身のキャリアプランを明確にできて「自分ごと」としてとらえられるようになることであり、上司が正解を与えることではありません。**そのため、プランで曖昧さや不明確さが見られる点は、本人が自分で考えられるよう、面談における質問・確認事項とします。例えば、将来の希望職種が現在の職種と違い、上司はその職種を知らないために、必要スキルなどのアドバイスができないことがあります。**その場合、必要スキルを本人がどう学べばよいかが本人がイメージできているか？などを一緒に整理することが支援・助言になります。**

以下、キャリア面談に先立って部下から出された自己申告書など本人が示したキャリアプランからどのようなチェックポイントがあるのかを挙げてみます。

## Check Point ①

最初にチェックするべきなのは、以下の五つの基本的な点です。

### ■「目指したい働き方や目指したい職種の選択理由や、その職種でやりたいことが明確か？」

部下がどのような職種や働き方を志向しているのかを具体的に理解するための質問です。選択理由を聞くことで、その選択がどれだけ深く考えられたものかを把握できます。部下のキャリアに対する本気度・真剣度が確認できるため、目標や目的が明確であれば前向きで有意義な話し合いになります。

### ■「その職種でどのようなキャリアを築きたいと考えていますか？　どんなスキルや経験を積みたいですか？」

部下がその職種でどのようなキャリアパスを描いているか、具体的な目標を持っているかを確認する質問です。キャリアビジョンが明確であれば、その職種に対する意欲が高いことがうかがえ、スキル・経験・知識についてもある程度の知見があるでしょう。

### ■「その職種に就いた場合、どんな仕事を具体的にやってみたいと思っていますか？」

部下がその職種において、どのような業務やプロジェクトにとり組みたいと考えているかを確認することにより、部下がその職種に対して具体的なイメージを持っているかどうかが評価できます。

**■「その職種を選ぶ際に、特に大切にしている価値観や、動機は何ですか？」**

部下がその職種を選んだ背後にある価値観や動機を探ることで、部下の選択が内面的なモチベーションにもとづいたものか、外的な要因によるものかを理解することができます。

**■「その職種に就いた後、長期的にはどのようなキャリアを築きたいと考えていますか？」**

部下がその職種を通じて、どのような長期的な目標を持っているかを確認することで、職種選択が一時的なものではなく、長期的な視点で考えられたものであるかを判断できます。

これらの質問を通じて、部下の目指す働き方や職種に対する考え方を深く理解し、それがどれだけ明確で現実的かを評価することができます。また、部下が自分のキャリア目標に向けてどのように準備しているかを把握できれば、必要なサポートを提供するための基礎情報を得ることができます。

## Check Point ②
### ■「背景にある「使命」は何か？」

第４章で考えていただいた〝使命〟はどのようなものとなったかを確認することは有効です。イマドキの若者が前世代に比べると労働市場が求職者有利な状況にあり、学卒入社後1、2年でも容易に転職しやすいというだけで、**必ずしも皆がキャリア意識が高いというわけではありません。**

〈再掲〉
私は、
「『誰』に対して」
「自分の『何（スキル・経験・知見）』を使って」
「『どのような価値』を提供するのか」

**そこでこの使命の公式を考えさせることで、この会社で働く意義、やりがいを見つけるきっかけにし、働きがいが伴わない中途半端な職業意識を払拭しましょう。**

## Check Point ③

### ■「その実現はいつ頃を想定しているか？ なぜそのタイミングか？ それは現実的か？ マイルストーンは？」

部下が具体的なタイムラインを持っている場合は、このような返答があるでしょう。

「3年後までにこのポジションに就きたいと考えています。理由は、まず今の業務で十分な経験を積むのに2年はかかると考えているからです。現実的に見ても、スキルを磨きつつ徐々に責任のある業務を任せてもらえるようになるまでの時間は、3年が適切だと判断しました。マイルストーンとしては、1年後までに特定のスキルを習得し、2年後には小規模なプロジェクトを自らリードすることを目指しています」。ここまで話すことができるならかなりな強者ですが、実際は「5年以内にはこの役職に就きたいと考えていますが、正直、具体的なタイミングやマイルストーンについてはまだ明確にしていません。現実的かどうかも含め、もう少し考えを整理する必要があると思います」というレベルでしょう。

ただ目標はあっても、現実性に自信がない場合もあります。「できれば2年以内に達成したいと思っていますが、現実的かどうかは少し不安です。今は自分にどれだけの時間が必要なのか判断できていない部分が大きいです」といったような話になります。

目標の具体性が不足している、あるいは漠然としたものとしてとらえており、実現するための具体的な道筋やタイミングを明確にしていない場合、質問に答えるのが難しくなります。これはキャリア目標が自己分析や情報収集にもとづいていないことが原因です。

若手社員や経験の浅い社員は、そもそもキャリア目標に対して具体的なタイムラインやマイルストーンを設定する経験が少ないため、現実的な計画を立てることが難しい場合があります。この場合、上司からの指導や助言が求められます。

## Check Point ④

### ■「現状の役割や必要スキルなどの認識は明確か？　過去も明確だったか？」

「はい、現状の役割や求められているスキルは明確だと感じています。過去も同様に、何を求められているのか理解していました。具体的には、現在のプロジェクトではリーダーシップとプロジェクト管理スキルが特に重要だと認識しています」という優秀な回答が聞かれた

**場合、部下は自分の役割や必要なスキルを理解し、それにもとづいて行動していることがわかります。**また、過去の業務でも同様に明確な認識があったため、**役割に対する意識が一貫していること**がわかります。

とはいえほとんどの部下は、以下のように明確な回答を出せないと思います。「正直にいうと、現状の役割が完全に明確とはいえません。過去についても、求められているスキルや役割が曖昧だった時期がありました。例えば、プロジェクトの優先順位が変わるたびに、自分が何に集中すべきか悩んだことが何度かありました」というような回答になるでしょう。**この場合、部下は役割や必要スキルが曖昧で、それが業務遂行に影響を与えている可能性があり、過去に同様の混乱を経験していることから、組織内での指示や期待が十分に伝わっていなかったことが考えられます。**

明確でない理由として次のようなことが考えられます。

一つ目は「**上司からの指示や期待が曖昧だった**」ということです。上司が部下に対して明確な役割や求められるスキルを伝えていない場合、部下は自分の役割を正確に理解できない可能性があり、**業務の優先順位が不明確で、何に力を入れるべきかがわからなくなります。**

二つ目は「業務内容の頻繁な変更」です。業務内容が頻繁に変わる環境では、部下がその都度役割や必要スキルを再認識する必要がありますが、これがうまく行われていない場合、役割認識が曖昧になる可能性があります。特に、変化が急激であったり、十分な説明がない場合にこの問題が生じやすいです。

三つ目は「部下が自分の役割やスキルについて上司からフィードバックを十分に受けていない」場合です。自分がどのように評価され、何が期待されているのかが不明瞭で、フィードバックがきちんとなされていなければ、部下は自己評価が困難になり、役割認識も曖昧になります。

四つ目は「組織の方針や目標が不明確」な場合です。組織全体の方針や目標が不明確であったり、変動が激しい場合、部下がその中で自分の役割をどのように位置づけるべきかがわからなくなって、どのスキルを重視すべきか迷うことが多くなるでしょう。

五つ目は「キャリアパスが不透明」な場合です。部下が自身のキャリアパスについて明確なビジョンを持っていない場合、どのスキルを伸ばすべきか、また自分の役割をどのように変化するべきかを理解するのが難しくなり、役割認識が曖昧になることがあります。

これらの理由を踏まえて、上司は部下に対して明確な役割と期待を伝え、定期的にフィードバックを行うことで部下の役割認識を強化し、必要なスキルの習得をサポートすることが重要です。

**Check Point ⑤**

## ■「強み・弱みなど率直にフィードバックできることは何か？」

基本として次の5項目に関するフィードバックが考えられます。

### ①職務遂行能力に関するフィードバック

【強み】例えば、部下が特定の業務で高いパフォーマンスを発揮している場合、そのスキルや知識の深さを具体的に称賛します。「あなたはデータ分析のスキルが非常に高く、チームのプロジェクトに大きく貢献しています」。

【弱み】逆に、業務遂行において改善が必要な部分がある場合、具体例を挙げて改善を促します。「報告書の作成にもう少し時間をかけて、詳細な分析を加えると、より質の高い結果が得られると思います」。

**②コミュニケーションスキルに関するフィードバック**

【強み】部下がチームメンバーと良好なコミュニケーションをとっている場合、その点を強調します。「あなたは会議での意見の出し方が非常に的確で、チーム全体の意思決定に大きく寄与しています」。

【弱み】一方で、コミュニケーションに課題がある場合、その影響と改善策を伝えます。「プロジェクトの進捗報告が少し遅れることがあり、他のメンバーが困ることがあります。もう少し早めに状況を共有できると、全体の効率が上がると思います」。

**③時間管理に関するフィードバック**

【強み】部下が効果的に時間を管理している場合、その成果を認めます。「あなたはプロジェクトの締め切りを守り、いつも計画通りに進めています。これは大きな強みです」。

【弱み】もし時間管理に問題があるなら、それについても率直に話します。「最近、いくつかのタスクが締め切りに間に合わなかったことがありました。優先順位を再考し、タスク管理の方法を見直すことが必要かもしれません」。

### ④チームワークに関するフィードバック

【強み】部下がチームプレイヤーとして優れている場合、その貢献を認めます。「あなたはチームメンバーとの協力が非常に上手で、全員が目標を達成できるようにサポートしています」。

【弱み】もし協力が不足していると感じた場合、その影響を具体的に伝えます。「時折、自分の仕事に集中しすぎて、チーム全体の状況に目が行き届かないことがあります。もう少し周囲と協力して進めると、よりよい結果が得られるでしょう」。

### ⑤リーダーシップに関するフィードバック

【強み】部下がリーダーシップを発揮している場合、そのリーダーシップスタイルを具体的に評価します。「あなたはプロジェクトのリーダーとして、チームを上手くまとめ、皆が一体となってとり組めるようにしています」。

【弱み】リーダーシップの改善が必要な場合、その点を指摘し、具体的なアドバイスを提供します。「リーダーとしての役割をもう少し積極的にとることで、チーム全体のパフォーマンスがさらに向上すると思います」。

このようなフィードバックを通じて、部下は自分の強みをさらに伸ばし、弱みを克服するための具体的な道筋を見つけることができます。フィードバックは具体的であり、建設的であることが重要です。これにより、部下が前向きに自己改善にとり組む意欲を高めることができるでしょう。

## Check Point ⑥

### ■「必要スキルの習得・取得方法は現実的か？」

例えば、このような回答だと現実的といえるでしょう。

「現在の業務と並行してオンラインコースを受講し、3ヶ月以内に基礎的なスキルを身につける予定です。週に8時間程度の勉強時間を確保できるので、現実的に達成可能だと思います」。

この場合、部下はスキル習得のための具体的な計画を立てており、その計画が業務と両立可能であることを認識しています。スキル取得に必要な時間やリソースも現実的に見積もっており、計画が実行可能であることがうかがえます。

また、「来年度中にこのスキルを習得するため、半年後に社内研修に参加し、その後に実務での応用を目指しています。研修内容が業務に直結しているので、十分に活かせると考えています」のような回答であれば、部下はスキル習得のために研修を計画し、その研修が業務に役立つことを理解しています。**タイムラインも現実的であり、スキルをどのように実務で活用するかも見据えているため、計画の実現性が高いこと**が示されています。

しかし、次のような回答だと現実的とはいえないでしょう。

「仕事が忙しいので、スキル習得のための時間がなかなかとれませんが、休日に勉強すれば何とかなると思います。計画はまだ立てていませんが、空いた時間に少しずつ進めるつもりです」。

これだと、部下は具体的な計画が立てられておらず、時間確保に関する現実的な見積もりができていないことがうかがえます。**結果として、スキル習得が計画通りに進まない可能性が高くなります。**

また「来月中に新しいプログラミング言語をマスターしたいと思いますが、業務が忙しいので、いつ勉強できるかはまだわかりません。ただ、やりはじめればすぐに覚えられると思います」というような回答では、**習得を急ぎすぎていたり、時間や難易度を過小評価したりしていることが見受けられます。**現実的な計画が立てられていないため、**スキル習得の成功**

率は低く、無理が生じる可能性があります。

部下がスキル習得について現実的に考えられているかどうかを確認する際には、計画の具体性、時間やリソースの見積もり、業務との両立可能性などに注目します。現実的な場合はこれらの要素がしっかりと考慮されており、無理のないスケジュールが設定されていますが、現実的でない場合は計画が曖昧であったり、過度に楽観的な見積もりがされていたりすることが多いです。このような場合、上司としては具体的なアドバイスやサポートを提供し、現実的な計画を一緒に立てることが重要です。

## Check Point ⑦

### ■「支援や助言できることはあるか？」

次の二つのテーマが中心となります。

**①将来に向けた新たなスキル獲得に向けて**

助言内容として考えられるのは、まず「スキル習得の計画策定支援」です。「新たなスキルを身につけるにあたって、まずどのスキルが最も重要かを一緒に確認しましょう」と伝えます。その後、現実的な学習スケジュールを立て、どのリソース（オンラインコース、書籍、社内トレーニングなど）が役立つかを決めましょう。定期的に進捗をチェックし、必要に応じてアドバイスします。

次に「**学習リソースの提供とアクセス支援**」です。会社のトレーニングプログラムや外部の専門コースを受講するための支援として、業務時間内に学習時間を確保できるように調整することが可能であれば、スキル習得に専念できる環境を整えます。

そして「**メンターやコーチの紹介**」があります。新たなスキルを学ぶ上で、既にその分野で経験を持つ先輩や外部のコーチを紹介します。メンターと定期的に会話する場を持つことで、実務での適用方法や具体的なアドバイスを受けることができます。

**②今の仕事で成し遂げるべきことについて**

助言内容として考えられるのは、まず「**目標の再確認と優先順位設定**」です。「現在の業務で達成すべき目標を再確認し、優先順位を明確にすることが重要です。どのタスクが最も重要で、どのように時間を管理すべきかを一緒に考えましょう。また、もしタスクが重なっている場合、どの部分を他のメンバーと協力するかも検討しましょう」などです。

二つ目は「**フィードバックと成長機会の提供**」です。「あなたが成し遂げようとしていることに対して、どのようなフィードバックが必要かを考えます。特定のプロジェクトやタスクについて、より高いレベルで達成するためのフィードバックを提供します。さらに、あなたの成長を支援するために新たな挑戦的なプロジェクトにとり組む機会を提供します」のように助言します。

三つ目は「**リソースやサポート体制の強化**」です。業務を効率的に遂行するために必要なリソースやサポートがあるか確認します。例えば、技術的なサポート、追加のチームメンバー、または必要に応じたツールやソフトウェアの導入について支援が可能でしょうか。

これらの助言や支援を通じて、部下が目指すキャリアゴールに向けた支援と、現在の業務で成果を出すための具体的な支援が行えます。上司としては、部下が成長し続けられるよう、**適切なサポートを提供すること**が重要です。

**Check Point ⑧**

■「行間の確認」（なぜそう思うのか？）

これまでのチェックポイントは主に部下の発言内容（事柄）に注目していましたが、最後は、**部下が話をしている行間、言葉になっていない気持ちなどに着目しましょう。**

### ■「なぜそう考えた／とらえたのだろうか？」

部下は自分のキャリアや職務について、**過去の経験や周囲の影響をもとに考えを形成しているかもしれません。**例えば、過去に失敗した経験や他の同僚の成功例が、部下の現在の考え方や感じ方に影響を与えている可能性があります。また、上司や先輩からのアドバイスや評価が、部下のキャリアに対する視点を形作っている場合も考えられます。

### ■「迷いや決めきれていないことはありそうだろうか？」

部下が自分のキャリア目標や職務に対して確信を持てていない場合、**迷いや不安が存在することが考えられます。**部下は、目指している方向性が本当に自分に合っているのか、あるいはその選択が正しいのかについて迷っている可能性があります。また、複数の選択肢がある中で、どれを選ぶべきか決めきれないこともあります。

## ■「〝決めつけ〟や〝思い込み〟にとらわれていないだろうか？」

部下が**過去の経験や他人の意見に影響されすぎて、自分の考えに偏りや固定観念が生じている場合があります。**例えば、「自分にはこのスキルは身につけられない」「このポジションは自分には無理だ」といった思い込みが、キャリア選択や職務に対する見方を制限している可能性があります。部下は無意識にこれらの思い込みにとらわれていて、それに気づいていないことが多いといえます。

## ■「今の感情、不安や悩みは何であろうか？」

部下が現在抱えている不安や悩みは、**将来のキャリアに対する不安や、現状の職務に対するストレス、または家庭などの個人的な問題に起因していることが考えられます。**例えば、「このプロジェクトで成果が出せるか不安だ」「今の仕事が自分に合っているのか自信がない」といった感情が背景にあります。これらの感情は、部下のパフォーマンスやモチベーションに大きな影響を与えるため、上司としてはその根本原因を理解することが重要です。

これらの視点から考えると、**部下は過去の経験や思い込み、現状の不安などに影響されな**

がらキャリアについて考えている可能性があります。上司としては、部下がこうした背景を踏まえて自分の考え方を再評価し、より現実的かつ前向きな視点でキャリアをとらえ直すようサポートすることが求められます。

最後に、上司が部下に伝えたい「期待（こうなって欲しい／○○の強みを活かして欲しいなど）」も面談前に改めて整理しておくことをお勧めします。この「期待」が欠けていると、面談の中身がキャリアプランの確認ではなく、終始「（批判的な）分析」になってしまうリスクがあり、若い部下からすると〝ダメ出し〟をされてしまった感だけが残ることになります。

## 04 ケーススタディ　部下のキャリアプランで何を確認する？

それでは、一般的によくあるケースで検討してみましょう。例えば次のような部下のキャリアプランを見た場合、何を事前に、あるいは面談の場で確認しますか？　前項の八つのチェックポイントの視点から、確認したいことや想定されることなどを書き出してみましょう。

【部下の属性】

- 営業職（非管理職）
- 女性
- 33歳
- 都市圏ではない営業所勤務

【キャリアプランシートに書かれた情報】

◆今後（中長期）のキャリアプラン

①将来目指したい職種や理由

2～3年後を目処に将来は、本社の企画部門に異動してマーケティングや事業プランニングの仕事をしてみたいと考えています。年齢的なこともありますが、本社でより大きな視点でビジネスを見たいのと、社内で広く影響力を発揮できる仕事に就いてみたいと思っています。また営業の立場も理解できる本社スタッフとして営業支援も行いたいです。

②必要な能力・スキル・資格とその習得

企画力をもっと強化する必要があると考えており、現在ビジネススクールで企画力のつけ方や企画書作成について学んでいます。

また、業界の動きや経営数字を見る力も必要ではないかと考えていて、なるべくビジネス書を読むようにはしていますが、まだ学習方法がわかっていません。

そして、本社の企画部門の方々との人脈を作っておきたく、なるべく本社のイベントや研修には出張して出席したいと思っています。何卒よろしくお願いいたします。

◆過去の実績

新卒入社以来、同じ営業所

◆現在の状況

〇〇市場の開拓

**【参考】ケーススタディのチェックポイント**

**①将来目指したい職種や理由について**

●冒頭に「2～3年後を目処に」とありますが、なぜこのタイミングなのでしょうか？（Check Point③）

●1行目に「本社の企画部門に異動してマーケティングや事業プランニングの仕事をしてみたい」とありますが、そこで具体的にどんな仕事をやりたいのでしょうか？（Check Point①）

●2行目に「年齢的なこともありますが」というのは自身の可能性などを決めつけていないでしょうか？（Check Point⑧）

●2行目から3行目にかけての「大きな視点でビジネスを見たいのと、社内で広く影響力を発揮できる仕事」、4行目の「営業の立場も理解できる本社スタッフとして営業支援」とありますが、これらの発言は〝使命〟の表出のように思えます（Check Point②）。

**②必要な能力・スキル・資格とその習得**

●冒頭に「現在ビジネススクールで企画力のつけ方や企画書作成について学んでいます」と

ありますが、感触として身につきそうと考えているのでしょうか？（Check Point ⑥）

●3行目から4行目にかけての「経営数字を見る力（略）まだ学習方法がわかっていません」とありますが、どんなところが不明瞭なのでしょうか？（Check Point ⑥）

●なぜこれら三つのスキル「企画力」「企画書作成」「経営数字を見る力」が重要と考えたのでしょうか？（Check Point ⑥）

●最後に「人脈を作って」とありますが、営業経験で活かせることがあるのでは？（Check Point ⑥）

●また「なるべく本社のイベントや研修には出張して出席したいと思っています」とありますが、研修への参加で企画部門の方との人脈が築けると思っているのでしょうか？（Check Point ⑦）

●過去の実績や現在の状況を踏まえると、本社にいくことが目的になっていないでしょうか？（Check Point ⑧）

以上のように、部下のキャリアプランを確認する際は、**まず部下の主体性と自己理解が反映されているかを確認し、プランの現実性と実行可能性を評価します。**目的や使命が明確であり、一貫性や過去の経験との整合性がとれていることも重要です。また、プランが柔軟で変化に対応できるか、必要な支援が適切に想定されているかを見極めます。さらに、部下の考えや感情を深く理解し、継続的なフォローアップを計画して、キャリアプランの成功を支援することが上司には求められます。

## 05 キャリア面談の成果は何か？

**「キャリア面談」の成果／アウトプットは、必ずしも何かが「解決」したり、具体的なアドバイスを提供したりすることとは限りません。**部下にとって以下のような状況を作り出すことができれば、その面談は成功したといってよいでしょう。

### ■成果例①「キャリア形成の今後のマイルストーンが見出せた」

例えば、部下が自身のキャリア目標を明確に設定でき、それに向けて達成すべき**具体的なステップやタスクが整理されている状態**です。これにより、どのタイミングでどのスキルや経験を積むべきかが明確になります。また、「**時間軸が明確であること**」も成果といえるでしょう。部下が目標達成に向けたタイムラインを設定でき、その中で重要なマイルストーン（例：特定のスキルを習得する時期、特定の役職に昇進する時期など）が具体的に想定できるということです。

可能であれば、上司から部下の現在のスキルや実績にもとづいて、次に何をするべきか、どのようにキャリアを積み上げていくべきかについての具体的なフィードバックやアドバイスが提供されている状況がベストですが、そこまで到達することにこだわる必要はありません。**現実的には、目標達成に向けて、どのようなリソースやサポートが得られるかが明確になっている状態、つまりサポート体制を明確化するだけでも構いません。**例えば、どのようなトレーニングやメンター制度が利用できるか、業務上のサポートや役割調整がどのように行われるかが具体的に示されていることです。

もう一つ大事なことはキャリアに対する「**自信の醸成**」です。成果としてこれらの要素が揃い、部下が自分のキャリアに対する自信を持てるようになり、目標に向けて着実に進める道筋が見えたと感じる状況です。**この自信は、具体的なプランとサポートによって支えられることになります。**

このような状況が整っていることで、部下は自分のキャリアの進展が見通せ、次に何をすべきかが明確になり、安心して前に進むことができると感じるのです。

## ■成果例②「関心を持って話を聴いてもらえた／わかろうとしてくれた」

面談の成果は成果①のような具体的なマイルストーンだけではなく、「上司に自分を理解してもらえた。関心を持って話を聴いてくれた」という感覚を持ってもらうことができればそれも成果といえます。そのためには面談時に次のような対応が重要となります。

まずは、アクティブリスニング（積極的傾聴）の実践です。上司が部下の話に対してしっかりと耳を傾け、適切な相槌を打ち、うなずきや視線を合わせるなどの態度を示すことで、部下に「話を聴いてもらっている」という安心感を与えます。さらに、部下が話す内容を理解しようとする姿勢を見せ、重要なポイントを要約したり、確認の質問を行ったりすることで、部下は自分の話が理解されていると感じます。

次に、共感的な反応を示すことです。部下がキャリアや仕事についての不安や悩みを話した際に、上司がその感情に対して共感を示すことが重要です。例えば、「それは大変だったね」「その気持ちはよくわかる」といった共感的なコメントをすることで、部下は自分の気持ちが理解されていると感じます。

三つ目は、**部下の意見や希望を尊重すること**です。上司が部下の意見や希望に対して、否定せずに真剣に受け止めることです。例えば、部下がキャリアに対する希望を述べた際に、上司がそれをすぐに評価したり否定したりせず、「その考えはどうして持ったのか？」といった質問をして、**その背景にある思いや理由を深く掘り下げて聞くこと**で、部下は自分が尊重されていると感じます。

四つ目は、他の話と重複しますが、**具体的なフィードバックやアドバイスを提供すること**です。部下の話を聞いた上で、その内容にもとづいて具体的なフィードバックやアドバイスを提供することで、部下は自分の話が理解されているだけでなく、**上司が自分の成長やキャリアに対して真剣に考えてくれている**と感じるようになります。

五つ目は、部下の話に対して**フォローアップを行うこと**です。例えば、「この前話してくれたことについて、どう進めている？」といった確認や、「必要なサポートがあれば教えてほしい」といった声かけを行うことで、部下は**自分の話が一過性のものではなく、継続的に関心を持ってもらえているものと感じます。**

六つ目は、**面談の環境や時間に配慮すること**です。面談の際に、落ち着いた環境で十分な時間を確保することも重要です。上司が急いでいたり、面談中に他の業務を気にしていたりする様子を見せると、部下は「本当に自分の話を聴いてもらえているのだろうか？」と感じることがあります。リラックスした環境で集中して話を聴くことで、部下は上司の関心を感じとることができます。

これらの行動や態度を通じて、部下は上司が自分に関心を持ち、真剣に話を聴いて理解しようとしてくれていると感じます。結果として、部下は信頼感や安心感を持ち、キャリア面談を前向きなものとして受けとることができます。これまで部下とのコミュニケーション頻度が少なく、評価面談など限られた場面しかなかったという方は、この「関心を持って話を聴いてもらえた／わかろうとしてくれた」という成果を一つの目的にしてもよいでしょう。

## ■成果例③「現状について率直にフィードバックしてもらえた」

部下が「現状について率直にフィードバックしてもらえた」と思うには、以下のようなポイントがあります。

まずは、フィードバックの目的を明確にすることです。面談の冒頭で、フィードバックの目的が部下の成長とキャリアの発展にあることを説明し、前向きな意図であることを強調すると、部下はフィードバックをポジティブに受け止めやすくなります。

次に、**具体的で客観的なフィードバックを提供すること**です。例えば、「最近のプロジェクトでは、あなたのリーダーシップが特に光っていました」といった形で、具体的な行動や結果を挙げて説明します。フィードバックは事実にもとづいて行い、感情や主観に流されないようにすることで部下はフィードバックを受け入れやすくなります。

また、**ポジティブな点と改善点のバランスをとること**も重要です。**ポジティブなフィードバックと改善点をバランスよく伝える「サンドイッチフィードバック」**が有用です。最初に強みや成功例を認め、次に改善点を示し、最後に今後の期待や支援について話すことで、部下がフィードバックを前向きに受け止めやすくなります。

そして**オープンなコミュニケーション環境を整えること**もポイントです。部下が安心して自分の意見を表明できる環境を整えます。例えば、「どんなことでも率直に話してくれて構いません」と伝えることで、部下はフィードバックに対する意見や質問をしやすくなります。

また、フィードバックの場を一方通行にせず、部下が自分の考えや反応を述べる時間を確保します。例えば、「この点についてどう思いますか？」と尋ね、部下の意見を積極的に聞く姿勢を示します。

さらに、**改善のための次のアクションを提案**します。改善点については、具体的なアクションプランやサポートの提供を提案します。例えば、「このスキルを伸ばすために、来月の研修に参加してみるのはどうでしょうか？」といった提案を行い、部下が次に何をすべきかを明確にします。

最後に、**フォローアップの約束**をして締めましょう。フィードバックが一度きりで終わらないよう、継続的なフォローアップを約束します。例えば、「1か月後に進捗を確認しましょう」と伝えることで、部下はフィードバックが成長のためのプロセスの一部であると感じます。

これらのとり組みを通じて、**部下が「現状について率直にフィードバックしてもらえた」と感じる状況を作り出し、自己成長に向けた行動を起こしやすくなり、キャリア面談の価値を最大限に引き出すことができれば十分な成果です。**

### ■成果例④「自分とは違う視点をもらえた」

**部下がこれまでの自分の狭い視野、浅い経験では及ばなかった気づきがもらえたと思えるなら**それだけで成果といえます。ポイントは次の通りです。

最初のポイントは、**多角的な視点からのフィードバック**を提供することです。部下が見落としている可能性のある視点や考慮すべき点を指摘します。例えば、部下が特定のキャリアパスに固執している場合、別の選択肢やリスクについて問いかけ、幅広い視野を持たせるよう促します。「この方向性も考えてみてはどうだろう？」といった形で、異なる視点を提案します。

二つ目のポイントは、**上司の経験や知識を活かしたアドバイス**を提供することです。上司としての経験や知識を共有し、部下が普段気づかないような業界のトレンドや組織内の動向に触れます。例えば、「私が以前経験したプロジェクトでは、こうしたアプローチが有効でした」といった具体的な経験談を交えることで、部下に新しい視点を提供します。

三つ目のポイントは、**異なる視点を持つ他者の意見を紹介すること**です。必要に応じて、他のメンバーや外部の専門家の意見をとり入れることを提案します。例えば、「他のチームリーダーにも意見を聞いてみてはどうですか？ 彼らのアプローチは参考になるかもしれません」といった形で、部下に異なる視点を紹介し、視野を広げさせます。

四つ目のポイントは、**部下の考えを深掘りする質問**を行うことです。部下が持っている考えを深掘りする質問を投げかけることで、部下が自分の考え方に対する別の視点を得ることを促します。例えば、「もしこのアプローチがうまくいかなかった場合、どのように対処しますか？」とか、「他の方法を考えたことはありますか？」といった質問で、部下に新たな視点を考えさせます。

五つ目のポイントは、**異なる業務やプロジェクトへの挑戦を提案すること**です。部下が普段関わっていない分野や業務に挑戦することを勧めてみれば、部下は新しい経験を通じて異なる視点を養うことができます。例えば、「他の部門で行われているプロジェクトに参加してみると、今までとは違う観点から業務を考えられるかもしれません」と提案してみます。

六つ目のポイントは、**建設的な対話を促す**ことです。面談を一方的なフィードバックの場ではなく、対話の場とし、部下の意見や考えを尊重しつつ、異なる視点を紹介します。これにより、部下は新しい視点を自然に受け入れやすくなります。

これらのアプローチを通じて、**部下は自分とは違う視点やアプローチを上司から得たと感じることができ、キャリア面談が自分の成長にとって有意義なものであったと認識するでしょう。**

## ■成果例⑤「〝答え〟は簡単に見つからないということがわかってきた」

同年代であっても部下たちのキャリア意識は様々であり、必ずしも仕事をこなす能力と比例するものではありません。各々の部下がどんなレベルのキャリア観であっても、上司として最も重要なことは部下に新たな気づきを与えることです。そういう意味からすると、部下にとって、答えが簡単に見つからないことがわかるだけでも十分な成果といえます。

そういう部下には、まず、キャリアに対する複数の視点を提示することがはじまりといえます。例えば、「キャリアには様々な選択肢があり、どれが正解かはすぐにはわからないことが多い」というメッセージを伝え、部下に複数の可能性を考えさせるようにします。

次に、曖昧さや不確実性を受け入れるよう促すことでしょう。キャリアの道のりには不確実性が伴うことを認識させ、完全な答えがないことを受け入れることの重要性を伝えます。例えば、「今は答えがはっきり見えなくても、時間をかけて模索していくことが大切です」といった言葉をかけ、長期的な視点での自己探求を促します。

三つ目のポイントは、問いを通じて深く考えさせることです。部下に考えを深めさせるための問いかけを行い、簡単に答えが出せないことを実感させます。例えば、「このキャリア選択の背後にあるあなたの価値観は何ですか？」や「もしこの道が閉ざされたら、次にどのような選択肢を考えますか？」といった質問を通じて、部下が多角的に考える機会を提供します。

四つ目は、自身の経験を共有することです。上司自身のキャリアにおける経験談を共有し、簡単に答えが出なかった時期や、何度も試行錯誤を繰り返したことを伝えることにより、部下は「答えがすぐに見つからないことは自然なことであり、プロセスの一部である」と理解するようになります。

五つ目は、長期的な成長を重視する視点を与えることです。キャリアは長い旅であり、短期的な答えよりも、長期的な成長や学びが重要であることを伝えます。例えば、「今はどの選択が正しいかわからないかもしれませんが、どんな経験も必ず将来の糧になります」とアドバイスし、部下に時間をかけて答えを見つけていくことを奨励します。これはタイパ志向・短期志向のZ世代には特に理解してもらいたいところです。

六つ目は、失敗や試行錯誤の価値を強調することです。試行錯誤や失敗もキャリアの一部であり、それが成長につながることを強調します。「時には選択がうまくいかないこともありますが、その経験が次の成功への糧となります」というメッセージを伝え、失敗を恐れずに挑戦する姿勢を促します。

これらのポイントを面談で意識することで、部下は「キャリアにおいて簡単に答えは見つ

**かるものではなく、時間をかけて模索し、成長していくものだ**」という理解を深めることができるのです。

### ■成果例⑥「自分の考えがまとまってきた」

これまであまりキャリアのことなど考えてこなかったという部下には、**キャリアを考える重要性や「拡散していた考えがまとまってきた」という感想を引き出すことができれば**そのキャリア面談は成功です。そのために必要なことは次の通りです。

面談の開始時にまずは**面談の目的やゴールを部下と共有しておきます**。そうすると部下が自分の考えをまとめるための方向性を見失わず、面談のプロセス全体が一貫していると感じられるようになります。

二つ目は、**質問を通じて思考を深めさせること**を意識しましょう。まず部下に深く考えさせる質問を投げかけます。「それを実現するためには、次に何が必要だと思いますか？」や「他に考慮すべき点はありますか？」といった質問をすることで部下の思考を促進し、考えを整理する手助けをします。

三つ目は、**部下の考えを尊重し、価値を認めること**です。部下が発言した内容に対して、まず肯定的に受け止め、部下の視点や意見を尊重します。「それはよい視点ですね」とか「その考え方はとても興味深いです」といったフィードバックを通じて、部下が自分の考えに自信を持てるようにします。

四つ目は**フィードバックとアドバイスを適切に提供すること**です。部下が出したアイデアや考えに対して、建設的なフィードバックを行います。ポジティブな点を強調しつつ、改善点や他の視点も示すことで、部下が自分の考えをさらに洗練できるようにします。これにより、部下は自分の考えがしっかりとまとまってきたと感じられます。

五つ目は、**考えをまとめるプロセスをサポートすること**です。部下が話している内容を一緒にまとめていくプロセスをサポートします。例えば、「今話してくれたことを整理すると、Aという目標を持っていて、そのためにBとCのスキルを伸ばしたいということですね」といった形で、部下の考えを整理・要約することで、全体像を把握させます。

六つ目に、余計なアドバイスを控え、**部下の自己発見を促す**ようにします。部下が自分の考えをまとめる過程を尊重し、必要以上にアドバイスを与えず、部下が自ら答えを見つけるように促します。上司がすべての答えを提供するのではなく、部下が自ら考えることを支援する姿勢が重要です。

最後に、**考えをまとめる時間を与えます。**面談の中で、部下が考えを整理するための沈黙や考える時間を与えます。すぐに答えを求めるのではなく、部下が自分のペースで思考を進められるようにすることで、より深く考える機会を提供します。

これらのことを通じて、上司は**部下が自分の考えを整理し、納得できる形でまとめていくプロセス**を効果的にサポートできます。結果として、部下は面談後に「自分の考えがまとまってきた」と感じ、より自信を持って次のステップに進むことができるでしょう。

### ■成果例⑦「イメージがついてきた／やる気が（さらに）出てきた」

これまでキャリア面談に焦点をあててきましたが、**どんな方法であれ部下にやる気を出してもらうのが上司としての究極の目的です。**これまであまり考えてこなかった部下にキャリアのイメージがついたり、「キャリア」というキーワードでやる気が（さらに）出てきたりしたなら大きな成果です。そのためのポイントは次のようなものです。

一つは、**具体的なビジョンや目標を共有すること**でしょう。部下が目指すキャリアや目標に対して、具体的なイメージが持てるように、詳細なビジョンを共有します。例えば、「3年後にはこのスキルを活かして、このようなプロジェクトにリーダーシップを発揮することができるはずです」といった形で、部下がその未来をリアルに想像できるようにします。

二つ目として、**達成可能な短期目標を設定すること**も有用です。「キャリア」といえば通常中長期目標となりますが、それに向かうための短期的な目標やステップを明確にします。例えば、「まずは今後6ヶ月でこのスキルを習得し、次のステップとしてこのプロジェクトに挑戦しましょう」といった具体的なアクションプランを提案します。これにより、部下は目標に向かう道筋が見え、実現可能性を感じやすくなります。

三つ目のポイントとして、**成功体験を想像させること**です。部下が達成したい成果や成功のイメージを持たせるために、成功した際の具体的な状況やメリットを描写します。「このスキルを習得すると、チームでの評価が上がり、リーダーとしての信頼が深まるはずです」といった未来の成功シナリオを提示し、部下のモチベーションを高めます。

そして、何度もいっていますが、**励ましと肯定的なフィードバック**が必要です。部下の能力や努力を認め、具体的に称賛します。「今までの成果を見ていると、あなたならこの目標も達成できると確信しています」といった肯定的なフィードバックを通じて、部下の自己効力感を高め、やる気を引き出します。

これまでもお話ししている通り、**実行可能なサポートを約束することも重要です。**目標達成に向けた具体的なサポートを約束します。「このスキルを習得するために、必要なトレーニングやリソースを提供しますので、安心してとり組んでください」といった支援の約束をすることで、部下がやる気を持って目標にとり組めるようにします。

さらに可能であれば、**実際の事例やロールモデルを紹介**できればよいでしょう。同様の道を歩んで成功した他の社員や、自分自身の経験を共有し、具体的な事例を示します。「以前、このポジションで成功した先輩も同じようなステップを踏んでいました」といった例を示すことで、部下に現実的なイメージを持たせます。

最後に、**現実的な成功イメージを描かせること**も重要です。部下が目指すキャリアの成功イメージを、具体的な事例やストーリーを用いて描かせます。「数年後には○○の役割で活躍しているあなたを想像してみてください」といった形で、目標が達成された時の自分の姿をリアルに想像させることで、モチベーションを高めましょう。

以上述べてきたように**キャリア面談は必ず何かを解決をしなければならないということではありません。部下自身による客観視の支援や傾聴による信頼関係の構築も成果です。**キャリア開発の主体はあくまで本人であり、上司は正解を出すわけではありません。

## 06 順調なキャリアより、成長角度が評価される

本章を締めくくるにあたって、読者の皆様には特にZ世代の部下に伝えていただきたいことがあります。それは「**若い頃は失敗を恐れずに、果敢にチャレンジしよう**」ということです。

ですが、いくらアドバイスをしても、昔と比べると親や社会に甘やかされて育てられ、比較的楽に就職し、それなりの給与を当然の権利として受けとり、まだ浅い経験しかできていないZ世代が、そういう志向をなかなか持てないのは仕方がないことなので、別の切り口で説明するしかありません。

それが、「失敗しないなだらかな成長」より、「**成長角度が評価される**」という法則です。

ご存じのように会社員は会社が設計・導入した人事制度で評価され、その結果が報酬に反映され、昇格・降格などの処遇が確定します。会計制度と同じように基本的には1イヤール

ールなので、過去1年間の人事評価によって翌期の給与賞与が決まるため、1年単位で物事を見がちですが、**昇格や昇進に関しては直近の過去2、3年間の人事評価に加えて、将来性（昇格後の活躍期待）が判断材料となります。**

誰しも失敗はしたくないですが、特にZ世代は失敗を恐れるあまり果敢にチャレンジしようという志向が薄く、**リスクより安定を求める傾向**があります。「一番になろう」ではなく、「まあ、平均よりちょっと上でよいかな」という感じでしょうか。そのため「ハードルの高い目標を設定して、達成度が低かったら評価が悪くなるので、無理しないでおこう」という具合です。そして「評価が低くなると翌年以降のリカバリーが大変なので、リスクを避けよう」という半ば出世をあきらめている（あきらめかけている）中高年社員のような思考と似ているところがあります。しかし伸びしろが無限大にあるZ世代は、持続的なゆるやかな成長より、成長角度の高さが最も評価されることを知りません。

つまり**若者は失敗した後にリカバリーした方が成長角度が確実に高くなるので、評価されやすい**ということに気づかせることがポイントになります。

それだけではなく、中堅以上になると「成果」が求められますが、**若いうちは「やる気」や「姿勢」の方に評価の比重があるため、失敗した後のやる気は1・25倍増しの評価に値す**

るくらいの話をしてもいいのではないでしょうか。ただし、安易に昇格の約束をしてはいけないのはいうまでもありません。

# 第 6 章

# 自分を知り、強みを活かすコミュニケーションマネジメント

# 01 イマドキの上司は自身の行動特性を理解する

これまで二つの章に渡ってキャリアコーチングの必要性・重要性、具体的な内容について解説してきましたが、最終章ではその前提となる**上司自身のコミュニケーションマネジメント**を中心に述べていきます。

昭和や平成初期の頃の部下指導は、上司のマネジメントスタイルに部下が合わせていくというものでしたが、現代は真逆で、部下の個性に合わせて上司が柔軟に指導法を変えていくものだといわれ、会社もそれに対応して様々なコミュニケーション研修を用意しています。

とはいえ、管理職の一番のミッションは統括する組織の業績向上であるため、ついつい目の前の成果を求めて、自身の特性を活かした得意なやり方で進めてしまいます。

上司が部下マネジメントを効果的に実践するためには、**自分自身のタイプや行動特性を客観的に理解しておくことが極めて重要です。**これにより、自分のリーダーシップスタイルが部下やチームに与える影響を把握し、必要に応じて柔軟にアプローチを変えることができます。

## 定期的な自己反省と振り返り

最もコストのかからない基本的方法は、定期的な自己反省と振り返りです。「ジャーナリング」といって、日々のマネジメントにおける決断や行動について記録し、定期的に振り返ることで、自分の行動パターンや傾向を理解することができます。例えば、どのような状況でストレスを感じやすいのか、どのような部下に対しては強い指導を行いがちなのかを記録し、それを分析することで、自分の行動特性を把握できます。

また、やりやすい方法としては、多くの企業で採用されている人事評価の「自己評価」で自身のマネジメント行動を振り返り、客観視することができます。評価シートがそういうフォーマットでなければ、自分の行動を評価するシートを作成し、定期的に自己評価を行うことも有効です。例えば、「部下の意見をどれだけ尊重できたか」「指導が適切だったか」などの項目をチェックし、自己評価を通じて自分の強みと改善点を明らかにします。

## メンターやコーチからのフィードバック

管理職になると他人からアドバイスしてもらえる回数が激減するため、自身を客観視する機会が失われます。**あなたに師匠と呼べるメンターがいるなら、彼らからのフィードバックはとても参考になります。**経験豊富なメンターから定期的にフィードバックを受けることで、自分のリーダーシップスタイルや行動特性を理解することができます。**メンターは、自分では気づきにくい部分に対して客観的な視点を提供し、具体的なアドバイスをしてくれるため、自己理解が深まります。**

コーチングを利用することも、自己理解を深める効果的な方法です。コーチは、リーダーシップや行動特性に関する専門知識を持っており、クライアントと一緒に目標を設定し、その達成に向けた行動をサポートします。コーチングセッションを通じて、自分の行動がチームや組織にどのように影響しているかを学び、改善のための戦略を立てることができます。

会社が主宰する管理職向けのコミュニケーション研修ではビジネスコーチを職業としている講師が多いため人事部に問い合わせたり、ネットで探してみたりするのはお勧めです。

ビジネスコーチからコーチングを受けて、その魅力に惹かれ職業としてのコーチを目指す人も多く、ProfileTreeの調査（https://profiletree.com/business-coaching-industry-statistics/）によると2023年時点で世界中に12万6千人以上の現役コーチが存在しており、日本でも2万人のコーチが活動しているといわれています。

## 組織の文化や目標との整合性を確認

**自分のリーダーシップスタイルが、組織の文化や目標と整合しているかを確認することも重要です。**組織の文化が結果重視であれば、リーダーシップスタイルも結果を重視する方向にシフトする必要があります。逆に、組織がコラボレーションや創造性を重視している場合、民主型やコーチ型のリーダーシップスタイルが求められます。この整合性を確認するために、上司としての自分の行動が組織の期待に応えているかどうかを定期的に見直すことも重要です。

## 継続的な学習と自己改善

**自己理解を深めるためには、リーダーシップ研修やセミナーに参加し、最新のマネジメント手法や理論を学ぶことも有効です。**これにより、自分のリーダーシップスタイルをさらに洗練させるための知識とスキルを獲得できます。

また、読書離れが進む昨今ですが、リーダーシップやマネジメントに関する書籍を読むことも、自己理解を深める助けになります。様々な理論や事例を学ぶことで、自分の行動特性がどのようなものであり、それをどう活かすべきかについて新たな視点を得ることができます。

## 自己評価ツールの活用

近年、導入企業が増えてきた360度フィードバックは、部下、同僚、上司など、周囲の人々から評価を受ける仕組みですが、自分の行動特性を多角的に理解する非常に有効な方法です。他者からのフィードバックは、自分では気づきにくい行動や態度に対する客観的な視点を提供します。このフィードバックをもとに、自分がどのように見られているかを理解し、自己認識と他者からの認識のギャップを埋めることができます。

またパーソナリティ診断はコスパ・タイパの観点からもお勧めします。エニアグラム、MBTI（Myers-Briggs Type Indicator）、DiSCアセスメントが有名ですが、これらのツールは、個人の性格傾向やコミュニケーションスタイルを分析し、どのような状況でどのような行動をとりやすいかを示してくれます。診断結果をもとに、自分がどのようなリーダーシップスタイルを持ちやすいかを理解し、その長所と短所を把握することができます。

以上、紹介した方法を活用することで、上司は自分自身のタイプや行動特性を客観的に理解し、効果的な部下マネジメントを実践することができます。これにより、自己認識が高まり、部下とのコミュニケーションやリーダーシップにおいてよりよい結果を導くことが可能となります。

# 02 エニアグラムから学ぶ上司のコミュニケーション術

ここではネットで診断ができるエニアグラムを紹介します。**エニアグラムは、性格を九つのタイプに分類する心理学的なモデルです。**各タイプには固有の思考パターン、感情、行動傾向があり、個々の性格や人間関係の理解を深めるために使われます。エニアグラムは、自己認識を深めるだけでなく、他者との関係を改善するツールとして広く活用されているものです。

エニアグラムを学ぶ主な目的は「**自分を理解すること（自分の中の何を伸ばし、何を改めるべきかを知る）**」と「**他人を理解すること（他人とよりよい関係を持つこと）**」です。

読者の皆さんは、どう扱えばいいかよくわからないイマドキの若者（特にZ世代）をなんとか理解しようと本書を手にとってくださったのだと思いますが、**他人の操作方法を理解しても、自身のことがわかってなければコミュニケーションが成立しません。**

上司には会社から与えられたポジションパワーがあるので、多くの部下は上司のいうことに面と向かって反発することはないと思いますが、**相手の心を動かし、行動変容に導くには他人の理解と同様に自分の理解が必要なのです。**

エニアグラムでは次のような九つのタイプ分類がなされています。

●改革する人（タイプ1）：完璧主義で、高い倫理観を持ち、正しくあろうとする。
●助ける人（タイプ2）：他者に尽くし、愛されたいと願う。
●達成する人（タイプ3）：成功を追求し、他者からの評価を求める。
●個性的な人（タイプ4）：自己表現を重視し、独自性を求める。

●調べる人（タイプ5）：知識を追求し、独立心が強い。
●忠実な人（タイプ6）：安全と安心を重視し、忠誠心が強い。
●熱中する人（タイプ7）：楽観的で、多様な経験を求める。
●挑戦する人（タイプ8）：自信があり、自己主張が強い。
●平和をもたらす人（タイプ9）：調和と安定を求め、対立を避ける。

特定非営利活動法人日本エニアグラム学会のホームページに簡易タイプ診断があります。下記のURLからチェック形式の質問に答えていくと自分のタイプが推定されますので、一度試してみてください。　https://www.enneagram.ne.jp/about/diagnosis

さて、あなたはどのタイプと簡易診断されたでしょうか。

ここからは、筆者の出身校の大先輩でエニアグラムを活用した研修を数多く手がけておられる人材育成コンサルタントの髭彰《ひげあきら》氏の著書『できる上司の「部下を動かす」行動習慣』（明日香出版社、2013年）をとり上げ、各タイプの陥りやすい行動パターンや改善の方向性などを見ていくことにしましょう。

■改革する人（タイプ1）↓「欠点を探しすぎる上司」

何事にも細かく、きちんとしていないと気が済まないタイプです。自分が手本となって課題にとり組んで、妥協を許さない厳格な上司の印象を与えます。高い理想に近づこうと周りを鼓舞して部下を育成するのに力を注ぎますが、自分に厳しくてミスをしないように神経を使いストレスをため込む傾向が見受けられます。厳しすぎる指導に部下が反発してしまい、「どうせ指摘されるから適当にやってしまおう」という展開になることもあります。

これらの行動は「欠点を探す」というとらわれ（無意識の動機）から生じます。このタイプの行動傾向としては次のようなものがあり、若い時に以下のような行動をとっていたのではないでしょうか。

□木を見て森を見ないところがある
□何事もきちんとやらないと気が済まない
□細かく説明しようとして話が長くなる
□丁寧にやろうとして時間がなくなることが多い
□向上心があり人知れず学習する

□少しでも改善しようと努力を惜しまない
□勤勉で持続力がある
□プロセスを重んじて最後までやり続ける
□判断するまでに時間をかける
□ストレスをためこみ肩こりや胃炎が多い

このような傾向からいえることは「欠点を探しすぎる」というとらわれを止め、「**肯定的に考え、柔軟に対応する**」ことです。具体的には以下のような得意パターンをおさえて隠れた才能を使えている状態を作りましょう。

**①自分の基準で見る癖を止めて、多様な意見を受け入れる**
**②批判したくなる癖を止めて、部下を許す**
**③やり方にこだわる癖を止めて、ゴールを意識する**
**④アドバイスに力を入れる癖を止めて、部下の自主性を尊重する**
**⑤自分で何とかしたいと思う癖を止めて、助けを求める**
**⑥批判を恐れる癖を止めて、自分を許す**

### ⑦時間をかける癖を止めて、80点でOKを出す

**■助ける人（タイプ2）↓「面倒を見すぎる上司」**

**理由を作って部下に近づいて、何かとアドバイスしようとする上司です。**相談しやすくて面倒見のいい上司として慕われます。思いやりが合り、人に親切に接し、人間関係を大切にする点が強みです。人の世話をいとわず、奉仕の精神を持っていて、人に合わせる順応性が高いのも強みですが、人に合わせすぎるので自分が何を求めているかを自覚しない面があります。

これらの行動は「**面倒を見る**」というとらわれ（無意識の動機）から生じます。このタイプの行動傾向としては次のようなものがあり、若い時に以下のような行動をとっていたのではないでしょうか。

□自分のことより他人の世話をしてしまう
□話し好きで誰とでもすぐに仲よくなれる
□人が喜ぶ顔を見るのが好き
□皆に好まれる存在になろうとする

□人の役に立ちたくて会いに出かけたくなる
□気を遣ってあげた人から感謝されないとイラつく
□関心を示さない人からは、無視された感じを受ける
□人に合わせる複数の自分を持っている
□順序だてて論理的に考えるのが苦手
□人に注意する時は遠回しないい方になる

このような傾向からいえることは「面倒を見すぎる」というとらわれを止め、「**相手のためより目的優先で判断する**」ことです。具体的には以下のような得意パターンをおさえて隠れた才能を使えている状態を作りましょう。

**①すぐに部下を助けようとする癖を止めて、部下を信じて任せる**
**②部下に好まれようとする癖を止めて、部下との間に距離を置く**
**③関係を壊したくないという癖を止めて、時にはノーという**
**④見返りを期待する癖を止めて、いうべきことをいい、やるべきことをやる**
**⑤助けはいらないという癖を止めて、部下や上司に相談する**

⑥人に合わせる癖を止めて、主体的に判断する
⑦自分を犠牲にする癖を止めて、自分を育てる

■達成する人（タイプ3）↓「効率的に進めすぎる上司」

目標に向かいがむしゃらに仕事をする精力的な上司です。何事も効率的に進めて、結果を出して評価を得ようとします。達成意欲が高くて向上心もあり、どんどん前進しようとします。問題が発生しても気持ちを切り替えて臨機応変に対応できて、肯定的な面をアピールして部下を動かすリーダーシップがあります。他方、周囲の評価を気にする見栄っ張りな面があり、失敗を恐れてありとあらゆる手段をとろうとします。

これらの行動は「効率的に進める」というとらわれ（無意識の動機）から生じます。このタイプの行動傾向としては次のようなものがあり、若い時に以下のような行動をとっていたのではないでしょうか。

□向上心が高く、目標達成に向かって邁進する
□効率を優先して要領がよい
□新しいことに順応するのが早い

□失敗しても気持ちの切り替えが早い
□競争心が強い
□評価を気にする見栄っ張りなところがある
□成功するために臨機応変に対応する
□説得力がり、人をリードする
□忙しくても気にならない
□自分の意見を通そうとする

このような傾向からいえることは「効率的に進めすぎる」というとらわれを止め、「信頼関係を築き組織を成長させる」ことです。具体的には以下のような得意パターンをおさえて隠れた才能を使えている状態を作りましょう。

**①合理的に考える癖を止めて、信頼関係を築く**
**②自己イメージを求める癖を止めて、部下の成長を本気で願う**
**③すぐに走りはじめる癖を止めて、部下と目的を共有する**
**④自分の評価を気にする癖を止めて、手柄を部下に与える**

⑤効率を優先する癖を止めて、部下の気持ちを理解する
⑥話の腰を折る癖を止めて、部下の話に耳を傾ける
⑦虚勢を張ってしまう癖を止めて、悩む自分を見せる

## ■個性的な人（タイプ4）↓「価値観にこだわりすぎる上司」

**ユニークに判断する個性的な人という印象がある上司です。**繊細な感受性を持っていて、気分のむらが激しい面があります。判断やコミュニケーションでも、自身の気持ちや価値観を優先する傾向があります。独創的で自分の世界を築く強みを持っており、自身の価値観を皆に理解させて、気持ちを乗せようとします。

これらの行動は「**価値観にこだわる**」というとらわれ（無意識の動機）から生じます。このタイプの行動傾向としては次のようなものがあり、若い時に以下のような行動をとっていたのではないでしょうか。

□自分の価値観を大切にする
□平凡で普通なことが嫌い
□気まぐれな面がある

□論理よりも気持ちを大切に判断する
□ユニークな発想ができる
□美的なセンスがよい
□同情心があり共感できる
□気持ちがたかぶったり沈んだりする
□ワクワクする感動を求めたい
□誰も知らないところに旅をしたくなる

このような傾向からいえることは「価値観にこだわりすぎる」というとらわれを止め、「**現実に立ち向かって自立する**」ことです。具体的には以下のような得意パターンをおさえて隠れた才能を使えている状態を作りましょう。

**①気持ちが揺れる癖を止めて、現実的な判断をする**
**②自分らしさを求める癖を止めて、平凡な事柄を受け入れる**
**③他人と比較する癖を止めて、自分を肯定する**
**④感情的になる癖を止めて、客観的に見る**

⑤インスピレーションでやる癖を止めて、手順を踏む
⑥好き嫌いで判断する癖を止め、人を受け入れる
⑦ユニークな表現をする癖を止めて、平易な言葉を使う

■調べる人（タイプ5）↓「評論的に考えすぎる上司」

口数が少なくて必要最低限のことしか話さないため、何を考えているのかわかりにくい印象を与える上司です。豊富な専門知識を持ち、尋ねると教えてくれますが自ら知識を発信することは少なく、冷たい印象があります。人づき合いが苦手で行動力に欠けますが、状況を冷静に分析して的確な方法を考え出す力があります。一人で考える傾向があって検討に時間をかけますが、問題の本質をとらえる洞察力があります。

これらの行動は「評論的に考える」というとらわれ（無意識の動機）から生じます。このタイプの行動傾向としては次のようなものがあり、若い時に以下のような行動をとっていたのではないでしょうか。

□行動する前に一人で考える
□冷静に情報を分析する

□行動力が弱く理屈っぽい
□参加するより観察することを好む
□一人で居ても苦にならない
□粘り強く探求する
□物事の本質を見抜こうとする
□人づきあいが苦手
□否定的に考えてあきらめが早い
□口数が少なく声が小さい

このような傾向からいえることは「評論的に考えすぎる」というとらわれを止め、「**予見力と思いやりで人をリードする**」ことです。具体的には以下のような得意パターンをおさえて隠れた才能を使えている状態を作りましょう。

**①批判する癖を止めて、思いで部下を動かす**
**②一人で考える癖を止めて、ともに行動する**
**③知識を溜め込む癖を止めて、実体験から学ぶ**

④傍観的になる癖を止めて、挑戦する勇気を持つ
⑤分析する癖を止めて、人の人情に触れる
⑥すぐにあきらめる癖を止めて、怖さを乗りこえる
⑦馬鹿にされたくないと思う癖を止めて、人に助けを求める

■**忠実な人（タイプ6）↓「未来を心配しすぎる上司」**

**真面目で強い責任感を持ち、堅実に仕事をこなすタイプの上司です。**コンセンサスをとるための根回しが上手く、周りへ配慮したり気配りしたりします。新しい方法より既存の方法を好んで、冒険するよりも経験や知識にもとづく確実な道を選ぶ傾向があります。先に起こりそうな問題を予測して先手を打って、失敗しないように慎重になります。信頼関係を大事にし、チームワークを重んじる日本的な強みを持ちます。

これらの行動は「**未来を心配する**」というとらわれ（無意識の動機）から生じます。このタイプの行動傾向としては次のようなものがあり、若い時に以下のような行動をとっていたのではないでしょうか。

□用心深く慎重に行動しようとします

□心配事が気になりだしたら頭から離れない
□頼まれたことは強い責任感を持ってとり組む
□変化よりも過去の経験を重んじる
□人との信頼関係を大切にする
□誰かに頼りたくなる傾向がある
□周りの意見や状況に合わせたくなる
□チームワークを大切にして気配りがよい
□臆病で気が小さいところがある
□批判されると自信を失ってしまう

このような傾向からいえることは「未来を心配しすぎる」というとらわれを止め、「**広い視野から覚悟を持って行動する**」ことです。具体的には以下のような得意パターンをおさえて隠れた才能を使えている状態を作りましょう。

**①リスクばかり気にする癖を止めて、部下に挑戦する気持ちを持たせる**
**②誰かに頼りたくなる癖を止めて、自分の判断に確信を持つ**

③人が背くことを気にする癖を止めて、はっきりと意思を伝える
④すべての事案に対応しようとする癖を止めて、重点を絞って対処する
⑤常識的な路線に縛る癖を止めて、部下の多様性を活かす
⑥自分の経験をおしつける癖を止めて、部下の創造性を活かす
⑦コンセンサスに時間をかけすぎるのを止めて、決断を早くする

## ■熱中する人（タイプ7）➡「頭をフル回転しすぎる上司」

**次々と新しいアイデアを出して、アクティブに前進するポジティブな上司です。**自分の考えを話すのを好み、周りを楽しくするムードメーカーという印象がある人です。楽天的で、嫌なことがあってもすぐに忘れることができて、興味のあることにはかなり強い集中力を発揮します。自分のアイデアを実行しようとする活力が強みで、未来に向かってプランニングする能力を持つ一方で、熱しやすく冷めやすい面があります。

これらの行動は「**頭をフル回転する**」というとらわれ（無意識の動機）から生じます。このタイプの行動傾向としては次のようなものがあり、若い時に以下のような行動をとっていたのではないでしょうか。

□楽しいことなら、どんどんやりたくなる
□新しい計画を立てるのが好き
□活動的にチャレンジすることができる
□物事をポジティブに考え、くよくよしない
□楽天家で、嫌なことはほとんど覚えていない
□会話を楽しむ時間が好き
□熱しやすく冷めやすい
□束縛されるのが嫌い
□コツコツ努力を重ねる仕事が苦手
□ジョークで場を楽しくする

このような傾向からいえることは「頭をフル回転しすぎる」というとらわれを止め、「**価値あるものを見抜いて真の革新をなす**」ことです。具体的には以下のような得意パターンをおさえて隠れた才能を使えている状態を作りましょう。

**①話を先に進めてしまう癖を止めて、部下の話をじっくり聴く**

**②考えを発散させる癖を止めて、一つのことに集中する**
**③自分の満足を求める癖を止めて、部下の中にリソースを探す**
**④自分のアイデアを通そうとする癖を止めて、部下に考える習慣をつける**
**⑤つい夢中で話し込む癖を止めて、話を短くまとめる**
**⑥未来の計画に走ってしまう癖を止めて、現実の問題にとり組む**
**⑦楽天的に見る癖を止めて、部下の苦しみに目を向ける**

### ■挑戦する人（タイプ8）↓「激しくやりすぎる上司」

とにかく強烈な人という印象がある上司です。声も大きく態度も大きい親分肌な感じがあります。中途半端を嫌い、仕事も遊びも激しく行います。自己主張が強く、単刀直入に意見をいって、その場を仕切ろうとします。人の意見を聞かず自分で決めて進めてしまいます。皆が尻込みするような難題にも果敢に挑戦する強みも持っていて、組織を統率する天性のリーダーシップを持ちます。

これらの行動は「激しくやる」というとらわれ（無意識の動機）から生じます。このタイプの行動傾向としては次のようなものがあり、若い時に以下のような行動をとっていたのではないでしょうか。

□仕事も遊びも強烈にやるのが好き
□人からとやかくいわれるのが嫌い
□中間的な考え方をする人を軽蔑する
□単刀直入に意見をいう
□対立することをいとわない
□決断力、実行力がある
□我が強く負けるのが嫌い
□自分の責任でコントロールしたいと思う
□正義感が強く、曲がったことが嫌い
□声が大きく力強い

このような傾向からいえることは「激しくやりすぎる」というとらわれを止め、「心を開いて人を受け入れる本当の強さを持つ」ことです。具体的には以下のような得意パターンをおさえて隠れた才能を使えている状態を作りましょう。

**①何でも自分で決める癖を止めて、部下の意見を受け入れる**
**②会議を仕切る癖を止めて、黒子になる**
**③「いつでもいってこい」という癖を止めて、いえるムードを作る**
**④勝とうと思う癖を止めて、弱さを見せる**
**⑤部下をコントロールしようとする癖を止めて、部下に任せる**
**⑥できない部下をダメ扱いする癖を止めて、部下の痛みを理解する**
**⑦激しく対抗する癖を止めて、部下に愛情を注ぐ**

**■平和をもたらす人（タイプ9）↓「自分を軽く見すぎる上司」**

穏やかでマイペースなタイプの上司です。強く主張することは少なく、周りの意見に合わせる傾向があります。波風を立てずに、なるべく穏便に済ますことを好みます。人の意見をよく聞くため、協調的なチームを作れる強みを持っています。総合的な見地から粘り強く取り組むことができる一方、問題を軽く見る傾向があるために対処が遅れがちで、後になって慌てることが多いようです。決断までに時間をかけますが、一度決めてしまうと頑固になる傾向があります。

これらの行動は「**自分を軽く見る**」というとらわれ（無意識の動機）から生じます。このタイプの行動傾向としては次のようなものがあり、若い時に以下のような行動をとっていたのではないでしょうか。

□問題を先送りすることが多い
□面倒くさがりな面がある
□頑固になって片意地を張る時がある
□穏やかにのんびりするのが好き
□波風を立てず穏便に済まそうとする
□自分の意見を主張することは少ない
□楽観的で忍耐力がある
□親しみやすく協調性がある
□寛大で物事を広くとらえることができる
□決断するのが苦手で人に合わせてしまう

このような傾向からいえることは「自分を軽く見すぎる」というとらわれを止め、「**沈着に**

**決断して存在価値を高める**」ことです。具体的には以下のような得意パターンをおさえて隠れた才能を使えている状態を作りましょう。

**①謙遜する癖を止めて、強い意志を表現する**
**②波風を立てない癖を止めて、相手に反論する**
**③我慢する癖を止めて、自分の要求を求める**
**④面倒くさいと思う癖を止めて、葛藤に打ち勝つ**
**⑤問題を軽視する癖を止めて、先手必勝に出る**
**⑥放任する癖を止めて、部下を育てる覚悟を持つ**
**⑦まわりを気にする癖を止めて、自分で決める**

いかがだったでしょうか。**エニアグラムは単なるタイプ分類の概念ではなく、自己理解を深め、他者との違いを尊重し、効果的なコミュニケーションを促進するために役立ちます。**

著者の髭氏が提唱しているのは、以下のようなシンプルなプロセスを実践することです。

**①とらわれに気づき**
**②得意パターンを止めて部下に接し**

**③部下の変化を見て**
**④自分の隠れた才能を確信する**

自分を内省し、部下と対話しながらともに成長するという一石二鳥のWin-Winなプロセスといえます。

## 03 「内省」の時間をとることを忘れずに

若者に限らず仕事人として成長するためには**経験が最も大切**なのは上司であるあなたが一番理解しているはずです。ところが企業研修などで管理職の受講者の方と話をしていると「結構よい機会を与えているんですが、一向に経験値が高まらないんです」と嘆く声が聞かれます。**そういう上司の多くは、部下に経験はさせてもほったらかしであったり、こと細かく指導をしすぎて部下が自立しないパターンだったりします。**経験して学ぶ人と学ばない人の違いは、本人の適性や才能の問題ではなく、**「内省」する習慣**があるかどうかです。

## コルブの経験学習モデル

あなたの部下が経験したことを振り返って学習する内省の習慣がないのであれば、それを指導することで、かなりの改善が進むはずです。それを裏づける理論としてコルブの「経験学習モデル（Kolb's Experiential Learning Model）」が有名です。学習が単なる知識の蓄積ではなく、実際の経験を通じて行われるプロセスであることを強調する理論です。このモデルは、学習が「実際の経験（Concrete Experience）」からはじまり、それが「内省（Reflective Observation）」を経て、「教訓化（Abstract Conceptualization）」に至り、最終的には「能動的実験（Active Experimentation）」につながるという四つの段階を経て進行すると説明しています。このサイクルは、学習者が新しい経験から学び、次の行動に活かすために非常に有効なフレームワークを提供します。

**①実際の経験（Concrete Experience）**

経験学習のサイクルは、具体的な経験からはじまります。これは学習者が実際に何かを経験する段階です。この段階では新しい状況に遭遇したり、既存の経験を再現したりします。

例えば、職場における新しいプロジェクトにとり組む場面を考えてみましょう。新しいプロジェクトのリーダーを任されたとします。この時、リーダーとしての具体的な行動や、プロジェクトチームとのやりとり、目標達成に向けたとり組みがこの段階に該当します。

**②内省（Reflective Observation）**

**具体的な経験をした後、学習者はその経験を振り返り、何が起こったのかを観察します。**この段階では、学習者はその経験を静かに内省し、**出来事の意味やその中で自分がどのように行動したかを考えます。**先の例では、プロジェクトが終了した後、リーダーはそのプロジェクトの進行過程を振り返り、成功した部分と改善が必要だった部分を考えます。例えば、「プロジェクトの初期段階では、チームメンバーとのコミュニケーションが不足していたかもしれない」と感じるかもしれません。

**③教訓化（Abstract Conceptualization）**

**内省を通じて得た洞察をもとに、学習者は抽象的な概念や理論を形成します。**この段階では、**経験から得た教訓を一般化し、他の状況にも適用できる知識や理論を構築します。**具体的には、「今後はプロジェクト開始前にもっと詳細な計画を立て、定期的にチームと進捗を確認するミーティングを設けるべきだ」という考えに至るかもしれません。これが教訓化のプロセスであり、学んだことを次の状況に活かすための理論的枠組みが作られます。

**④能動的実験（Active Experimentation）**

最後に、学習者は教訓化で得た知識をもとに、新しい行動を試みます。これが能動的実験の段階であり、学習者は次の機会に新しいアプローチを実行します。再びプロジェクトリーダーを務める場合、今回は前回の経験を活かし、改善策として定期的なミーティングを導入し、より積極的にチームとコミュニケーションを図ります。この段階では、学習者が新しい状況での行動を通じてさらに経験を積み、学びを深めていくことが期待されます。

このように、コルブの経験学習モデルは、学習が単なる知識の伝達や一方通行のプロセスではなく、実際の経験を通じて深まっていくものであることを示しています。特に、学習者が自ら経験し、その経験を深く振り返り、新しい知識として統合し、それを実際の行動に移すというプロセスが重要です。これにより、学習は一過性のものではなく、持続的な成長と自己改善を促進するものとなります。

その実践を通じて、学習が持続的で実践的なものとなり、現実の課題に対する解決策を生み出すことができます。このモデルを意識的に活用することで、学習者は常に新たな経験を通じて進化し続けることができるでしょう。

## 04 部下のメンタルヘルス対策として指標を設定しておく

部下のメンタルヘルスケアは、現代の職場環境においてますます重要なテーマとなっています。**ストレスの多い業務や職場のプレッシャーが増加する中、管理職が部下のメンタルヘルスを適切にケアすることは、部下のパフォーマンス維持、職場全体の生産性向上、そして企業の健全な発展にとって欠かせない要素となっています。**特にZ世代をはじめとする若者は、もちろん個人差は大きいですが、それ以前の世代に比べてメンタルは弱いと考えられ、「そんなことぐらいで?」と思うことでも出社拒否に陥る可能性があるので注意が必要です。

## メンタルヘルスの早期発見と対応

**上司は、部下の日常的な様子や行動パターンを注意深く観察し、異変に早期に気づくことが重要です。**例えば、普段は社交的な部下が突然無口になったり、遅刻や欠勤が増えたりした場合、それはメンタルヘルスの問題を示唆している可能性があります。こうした変化を見逃さず、早期に対応することで、問題が深刻化する前に対策を講じられます。

また、**部下が気軽に相談できるような環境を整えること**も大切です。上司は定期的に1on1のミーティングを設け、部下が自由に自分の状態を話せる機会を提供しましょう。**この時、上司は話の内容を判断せずに耳を傾け、部下が話しやすい雰囲気を作ること**が求められます。部下が抱えるストレスや悩みを早期に把握することで、適切なサポートが可能になります。

メンタルヘルス指標

部下がこんな様子だと注意が必要です。

①遅刻・早退・欠勤が増える
②休みの連絡がない（無断欠勤がある）
③業務量は変わらないのに残業、休日出勤が増える
④仕事の能率が悪くなる。思考力、判断力が低下する
⑤業務の結果がなかなか出てこない
⑥ミスや事故が目立つ
⑦報告や相談、職場での会話がなくなる（あるいは逆）
⑧表情に活気がなく、動作にも元気がない（あるいは逆）
⑨不自然な言動が目立つ
⑩表情に生気がない
⑪衣服が乱れたり、不潔であったりする
⑫飲酒量が増える

## ストレスマネジメントの支援

部下がどのような場面でストレスを感じやすいのかを理解することが大切です。

業務量の過多、人間関係のトラブル、キャリアの不安など、ストレスの原因は多岐にわたります。上司は部下の業務内容や環境を把握し、必要に応じて業務量の調整や役割の見直しを行うことで、ストレスを軽減する努力をするべきです。

ストレスマネジメントのために、上司として部下に適切なリソースを提供することも有効です。

例えば、ストレス管理の研修を行ったり、メンタルヘルス専門のカウンセラーを紹介したりすることが考えられます。また、リラックスできる環境を整えたり、適度な休憩時間を確保するよう促したりすることも、効果的な支援策となります。

## 職場環境の改善

職場環境がメンタルヘルスに大きな影響を与えることはよく知られています。

「**心理的安全性**」という考え方がブームとなっています。**「人が安心して自分の意見や考えを表現できる状態」のことで、批判や否定を恐れずに、自由に発言できる環境を指します。**

心理的安全性を確保するためには、部下がミスをしても責めずに、安心して意見を表明できる環境を作ることが重要です。上司は、チーム内でのコミュニケーションを円滑にし、互いに尊重し合える風土を育てるべきです。

また、**過度な残業や休日出勤が常態化している職場では、メンタルヘルスに悪影響を及ぼすリスクが高まります。**上司は、部下のワークライフバランスを考慮し、適切な労働時間を守るよう指導するとともに、柔軟な働き方を奨励することが重要です。これにより、部下はプライベートと仕事のバランスをとりやすくなり、メンタルヘルスの維持につながります。

## 適切なフィードバックとキャリア支援

部下のモチベーションを維持するためには、**建設的で前向きなフィードバック**が欠かせません。上司が部下の努力や成果を適切に評価し、それを言葉で伝えることで、部下は自分の仕事に自信を持つことができます。一方で、批判的なフィードバックを行う際は、具体的な改善点を示し、次に何をすべきかを明確に伝えることが大切です。部下はネガティブな感情にとらわれず、前向きに課題にとり組むことができます。

また、部下がキャリアに対して不安を感じている場合、それがメンタルヘルスに影響することがあります。上司は定期的にキャリア面談を行い、部下のキャリア目標や今後の展望を理解し、適切なアドバイスや支援を提供するべきです。また、成長の機会や新しい挑戦を提供することで、部下のやる気を引き出し、メンタルヘルスの向上に寄与します。

## 緊急時の対応と専門機関との連携

部下が深刻なメンタルヘルスの問題に直面している場合、迅速な対応が必要です。状況によっては、医療機関や専門カウンセラーのサポートを早期に受けさせることが重要です。また、上司自身が無理に問題を解決しようとするのではなく、専門家の支援を仰ぐことが適切な対応となります。

企業内におけるメンタルヘルスケアの一環として、上司は社内の人事部門や産業医、外部のメンタルヘルス専門機関と連携をとることが求められます。これにより、部下が抱える問題に対して適切かつ迅速な支援を提供できる体制を整えることができます。

## 上司自身のメンタルヘルスの維持

部下のメンタルヘルスをケアするためには、上司自身のメンタルヘルスも良好である必要があります。自分自身がストレスや疲労を抱えた状態では、適切な判断や対応が難しくなります。

上司は自己ケアを怠らず、自分のストレス管理も意識することが大切です。これには、リラックスできる時間を確保することや、メンタルヘルスに関する知識を継続的に学ぶことが含まれます。

まとめると、部下のメンタルヘルスケアは、管理職の責務であり、適切に対応することで職場全体の健全性を保つことができます。早期発見と迅速な対応、適切なコミュニケーション、ストレスマネジメントの支援、職場環境の改善、フィードバックとキャリア支援、そして専門機関との連携が重要です。これらのポイントをおさえることで、部下のメンタルヘルスを維持し、安心して働ける環境を提供することが可能となります。

# おわりに

本書を通じて、Ｚ世代との向き合い方やキャリアコーチングの重要性についてお伝えしてきました。

ここまで読んでくださった皆さんは、Ｚ世代が単なる「扱いにくい世代」ではなく、新しい時代の可能性を秘めた世代であることに気づかれたのではないでしょうか。

Ｚ世代の特徴を理解し、適切なマネジメント手法をとり入れることで、彼らの能力を最大限に引き出すことができます。そして、そのために欠かせないのが、キャリアコーチングと上司自身の行動特性を理解することです。

## キャリアコーチングのさらなる可能性

キャリアコーチングは、Z世代の成長を支え、組織全体のパフォーマンス向上につながる強力なツールです。特に、Z世代は「なぜこの仕事をするのか」「この仕事は自分にどんな影響を与えるのか」といった目的意識を重視する傾向が強いため、キャリアの方向性を一緒に考えることが重要になります。

例えば、あるIT企業では、新入社員向けのキャリアコーチングプログラムを導入した結果、初年度の離職率が30%から10%に減少しました。これは、社員が自身の成長を実感できる環境を整えたことが大きな要因と考えられます。

また、別の企業では、キャリアコーチングとスキルマッピングを組み合わせることで、各社員の適性に合ったプロジェクトへのアサインを可能にし、業務の効率化と社員満足度の向上を実現しました。

こうしたとり組みは、単に若手の定着率を向上させるだけでなく、企業の競争力を強化する要素ともなり得ます。

## 前提として上司自身を知ることも重要

Ｚ世代との効果的なコミュニケーションを築くには、上司自身が自分の行動特性を理解することも必要不可欠です。リーダーとしての自分のスタイルを客観的に分析し、それを柔軟に調整することで、より適切なマネジメントが可能になります。

例えば、自己評価ツールや３６０度フィードバックを活用することで、自分のマネジメントスタイルの強みと改善点を明確にできます。

ある企業では、管理職に対して定期的に自己分析の機会を提供し、その結果にもとづいたリーダーシップ研修を実施しています。このようなアプローチは、上司自身の成長にもつながり、よりよい職場環境の構築に貢献します。

## 未来を築くために

これからの時代、Ｚ世代とともに新しい働き方や組織文化を築くことが求められています。

彼らの価値観、そして自身の特性を理解し、適切なマネジメントスタイルをとり入れ、具体的な施策を実行しながら、Z世代とともに成長し、発展する未来を築いていきましょう。

最後に、マネジメントの正解は一つではなく、時代とともに変わっていきます。大切なのは、常に学び、考え続ける姿勢です。本書がそのヒントになれば幸いです。

2025年2月
麻野 進

**麻野 進（あさの・すすむ）**

組織・人事戦略コンサルタント。大阪府生まれ。株式会社パルトネール代表取締役。全日本能率連盟認定マスターマネジメントコンサルタント、特定社会保険労務士、早稲田大学大学院会計研究科非常勤講師。国内大手シンクタンク・経営研究所シニアマネージャーを経て、現職。大企業から中小・零細企業など企業規模、業種を問わず、組織・人材マネジメントに関するコンサルティングに従事。人事制度構築の実績は100社を超え、年間1000人を超える管理職に対し、組織マネジメント、セルフマネジメントの方法論を指導。「出世」「リストラ」「管理職」「中高年」「労働時間マネジメント」「働き方改革」を主なテーマとした執筆・講演活動を行っている。主な著書に、『イマドキ部下のトリセツ』『幸せな定年を迎えるために50才からやっておくべき《会社員の終活》41のルール』『最高のリーダーが実践している「任せる技術」』『部下に残業をさせない課長が密かにやっていること』（ぱる出版）、『課長の仕事術』（明日香出版社）、『ポジティブな人生を送るために50歳からやっておきたい51のこと』（かんき出版）、『「部下なし管理職」が生き残る51の方法』（東洋経済新報社）など。

●連絡先：asano@partenairejapan.co.jp

●株式会社パルトネールHP：https://partenairejapan.co.jp/

Z世代《せだい》は「成長《せいちょう》できない職場《しょくば》」に見切《みき》りをつける

新世代《しんせだい》キャリアコーチング

2025年4月2日　　初版発行

著　者　麻　野　　進

発行者　和　田　智　明

発行所　株式会社　ぱる出版

〒160-0011　東京都新宿区若葉1-9-16

03(3353)2835－代表

03(3353)2826－FAX

印刷・製本　中央精版印刷(株)

本書籍に関するお問い合わせ、ご連絡は下記にて承ります。

https://www.pal-pub.jp/contact



ISBN978-4-8272-1499-4　C0034